KURZE EINFÜHRUNGEN
IN DIE GERMANISTISCHE LINGUISTIK

Band 4

Herausgegeben von
Jörg Meibauer
und
Markus Steinbach

HELGE SKIRL
MONIKA SCHWARZ-FRIESEL

Metapher

Zweite, aktualisierte Auflage

Universitätsverlag
WINTER
Heidelberg

Bibliografische Information der Deutschen Nationalibliothek
Die Deutsche Nationalbibliothek verzeichnet diese Publikation
in der Deutschen Nationalbibliografie;
detaillierte bibliografische Daten sind im Internet
über *http://dnb.d-nb.de* abrufbar.

ISBN 978-3-8253-6161-7
2. Auflage 2013

© 2013 Universitätsverlag Winter GmbH Heidelberg
Imprimé en Allemagne · Printed in Germany
Idee Umschlaggrafik: Judith Malicke
Druck: Memminger MedienCentrum, 87700 Memmingen

Gedruckt auf umweltfreundlichem, chlorfrei gebleichtem
und alterungsbeständigem Papier

Den Verlag erreichen Sie im Internet unter:
www.winter-verlag.de

www.kegli-online.de

Vorwort zur zweiten Auflage

*Und über alles das, weil es doch höchst lebendig ist und
jedem nahe geht, könnte man, denke ich, ein lebendiges
wertvolles oder zumindest ein sehr anregendes kleines
Buch schreiben.* (Hugo von Hofmannsthal zur Metapher)

Das Ziel des vorliegenden Buches war und ist es, zur Metapher eine
überschaubare und anwendungsorientierte Einführung zu bieten, die
leicht verständlich ist und keine speziellen linguistischen Kenntnis-
se voraussetzt und daher für Studierende aller philologischen Fä-
cher geeignet ist. Im Vordergrund steht die Vermittlung von Grund-
lagenwissen, das an zahlreichen authentischen Beispielen veranschaulicht und erklärt wird. Integrierte Übungsaufgaben ermöglichen den Leserinnen und Lesern, den Stoff selbst auszuprobieren
und vertiefend anzuwenden. Lösungsvorschläge sind auf der
KEGLI-Homepage (www.kegli-online.de) veröffentlicht. Am Ende
jedes Kapitels finden sich kommentierte Literaturangaben, die Inte-
ressierten gezielte Hinweise für die weitere Lektüre geben. Zusätzlich zum Literaturverzeichnis im vorliegenden Band findet sich auf
der KEGLI-Homepage eine ausführliche Bibliographie.

Für die zweite Auflage des Bandes haben wir die Literaturangaben aktualisiert, Tippfehler korrigiert und an einigen Stellen Ergän-
zungen im Text vorgenommen, um zu gewährleisten, dass die Einführung auf dem letzten Forschungsstand ist.

Da es sich um eine kompakte Kurzeinführung handelt, für die
eine strikte Seitenbegrenzung festgelegt ist, konnten wir auch in der
überarbeiteten Fassung einige Themen und Aspekte, die wir gern
ausführlicher erörtert hätten, nur skizzieren oder kurz erwähnen.
Unsere Beispiele sind fast ausschließlich aus der Schriftsprache, aber
Metaphern spielen natürlich auch in der mündlichen Alltagskom-
munikation, also in Gesprächen und Erzählungen, eine wichtige
Rolle. Mittlerweile gibt es zudem auch viele empirische Ergebnisse
aus der experimentellen Psycho- und Neurolinguistik zum Metaphernverstehen sowie korpuslinguistische Untersuchungen, bei denen große Textsammlungen (Korpora) computergestützt ausgewer-
tet werden. Wir verweisen hier die Leserinnen und Leser auf die
ausführliche Bibliographie der KEGLI-Homepage, wo auch Titel zu
diesen Themen zu finden sind.

Erwähnt sei in diesem Vorwort zumindest unsere korpusbasierte, von der DFG geförderte Untersuchung „Aktuelle Konzeptualisierungen von Terrorismus – expliziert am Metapherngebrauch im öffentlichen Diskurs nach dem 11. September 2001" (s. Schwarz-Friesel/Skirl 2011 und Schwarz-Friesel/Kromminga 2013). Die gesellschaftsrelevanten Analysen zeigen, wie das für die westliche Welt schwer zu beschreibende und zu verstehende Phänomen des islamistischen Terrorismus in der massenmedialen Berichterstattung mittels unterschiedlicher Metaphernkonstruktionen jeweils als Krankheit (*Krebsgeschwür*), Naturphänomen (*Sumpf, Tsunami*), Horrorfilm (*Alptraum-Movie*), Wirtschaftsstruktur (*Terror-GmbH*) oder Fabelwesen (*Monster-Krake, Hydra*) referenzialisiert wird. Die dadurch aktivierten Konzeptualisierungen von Terrorismus haben für alle sozial-kognitiven, emotiven und auch politischen Prozesse zum Thema eine herausragende Bedeutung. So kann z. B. die Rezeption einer spezifischen Metapher zu einer Intensivierung oder Relativierung des Gefühls der Bedrohung führen und unter Umständen politische Entscheidungen nahelegen.

Die Analyse belegt, dass Metaphern keineswegs nur stilistischer Schmuck sind, sondern ausgesprochen wirksame Mittel der sprachlichen Perspektivierung und Evaluierung mit großem persuasiven Potenzial.

Berlin, im Februar 2013   Monika Schwarz-Friesel, Helge Skirl

Inhaltsverzeichnis

1. Was sind Metaphern?

*Analogien, Metaphern und Sinnbilder sind die Fäden,
mit denen der Geist mit der Welt in Verbindung bleibt,
auch wenn er, geistesabwesend, den unmittelbaren Kontakt zu ihr verloren hat, und sie gewährleisten die Einheit der menschlichen Erfahrung.* (Hannah Arendt)

1.1 Metaphern als nicht-wörtlicher Sprachgebrauch

Die Metapher stellt sowohl als sprachliches als auch als geistiges
Phänomen eine der interessantesten und faszinierendsten Erschei-
nungen menschlicher Kreativität dar. Hannah Arendt nannte die
Kreativität des Geistes ein „Denken ohne Geländer" – Metaphern
spiegeln die Möglichkeiten wider, das „Geländer der Sprache" auf-
zubrechen. Metaphern drücken das Bestreben von Sprachbenutzern
aus, die konventionellen, alltäglichen und automatisierten Sprach-
funktionen zu erweitern und zu verändern, um entweder neue geistige Repräsentationen zu kreieren oder um schwer fassbare, von der
Alltagssprache nicht adäquat darzustellende Bereiche (wie die
Emotionen von Menschen oder wie abstrakte Konzepte) durch innovative Konstellationen auszudrücken.

Metaphern sind ein spezieller Fall von nicht-wörtlichem Sprachgebrauch. Einen sprachlichen Ausdruck nicht-wörtlich gebrauchen
heißt ganz allgemein: Er wird in einer Weise verwendet, die nicht
seiner im Sprachsystem festgelegten Bedeutung entspricht. Die un-
terstrichenen Ausdrücke in den Zitaten (1) bis (12) sind metaphorisch gebraucht:

(1)   Zitate sind <u>Eis</u> für jede Stimmung. (Christian Morgenstern)
(2)   Die Hunde sind <u>die Nachtigallen</u> der Dörfer. (Jean Paul)
(3)   Das Fett ist sein <u>erster Sarg</u>. (Jean Paul)
(4)   Die Welt ist <u>eine Lasagne</u>. (Juli Zeh)
(5)   Der Mond, <u>ein unregelmäßig gebackenes Fladenbrot</u>. (Juli Zeh)
(6)   Rosen, das sind doch <u>die Schäferhunde</u> unter den Blumen. (Sibylle Berg)
(7)   Ich bin <u>eine geräuschlose Maschine</u>. (Tom Schulz)
(8)   Ich bin <u>Spinoza</u>! (Robert Menasse)
(9)   Mein Gehirn war <u>Rührei</u>. (Boris Becker)
(10) Wer wie Schröder sein Leben lang politisch <u>geholzt</u> hat, kann nicht plötz-
      lich für sich selbst <u>Naturschutz</u> verlangen. (Guido Westerwelle)

(11) Ich kann mir die Verwandlung von Maggie Thatcher zu Frau Holle auch nicht erklären. (Guido Westerwelle über Angela Merkel)

(12) Wer den Fuß auf der Bremse hat, sollte nicht auf den Motor schimpfen, wenn es zu langsam geht. (Kurt Beck über Angela Merkel)

Die Beispiele deuten schon an, wie unterschiedlich Metaphern sein können und dass sie ein sprachwissenschaftlicher Gegenstand von großer Komplexität sind. Wir gehen im Folgenden schrittweise und systematisch vor, um die verschiedenen Aspekte zu beleuchten. Zunächst wollen wir klären, inwiefern Metaphern eine Form des nicht-wörtlichen Sprachgebrauchs sind.

Bei dieser speziellen Form der Sprachverwendung sind zunächst die Produktions- und die Rezeptionsperspektive grundsätzlich zu unterscheiden: Sprachproduzenten (Sprecher bzw. Schreiber) gebrauchen einen Ausdruck in nicht-wörtlicher Bedeutung. Von den Sprachrezipienten (Hörern bzw. Lesern) muss dieser Gebrauch erkannt werden; und sie müssen auch die nicht-wörtliche Bedeutung erschließen (s. dazu ausführlich Kap. 5).

(13) Der Professor ist ein Baum.

Wenn (13) in einer konkreten Kommunikationssituation über einen bestimmten Hochschullehrer geäußert wird, so werden die Hörer die Verwendung von *Baum* als nicht-wörtlich identifizieren, um der Äußerung eine akzeptable aktuelle Bedeutung zuordnen zu können. Denn wörtlich verstanden würde es sich bei (13) lediglich um eine falsche bzw. unsinnige, unserem enzyklopädischen Wissen widersprechende Aussage handeln. Wenn *Baum* aber nicht-wörtlich verstanden wird, so entspricht die aktuelle Bedeutung auf jeden Fall nicht der Bedeutung, die im Lexikoneintrag für *Baum* im Sprachsystem gespeichert ist. In (13) wird wörtlich ausgedrückt, dass der bezeichnete Professor unter die durch *Baum* bezeichnete Kategorie fällt. Die Kategorie BAUM steht aber im Verhältnis der Inkompatibilität, also der Unvereinbarkeit zur Kategorie MENSCH, zu welcher der Professor gehört. Demnach ist in (13) sprachlich explizit ein logisch-kategorialer Widerspruch ausgedrückt. Wenn Hörer die Äußerung dennoch als inhaltlich plausibel verstehen und dem Sprecher Kooperativität unterstellen wollen, müssen sie dem Ausdruck *Baum* eine andere als dessen wörtliche Bedeutung zuweisen.

Die wörtliche Sprachsystembedeutung wird auch als **lexikalische Bedeutung** bezeichnet und ein Wort, das zum Lexikon einer Sprache gehört, als **Lexem**. Die lexikalische Bedeutung lässt sich (zu einem wesentlichen Teil) in Form einer geordneten Menge von distinktiven Merkmalen beschreiben, durch die festgelegt wird, auf

2

welche außersprachlichen Gegenstände man mit dem Lexem Bezug nehmen kann bzw. könnte. Der Lexikoneintrag von *Baum* lässt sich z. B. so wiedergeben:

(14) *Baum* (PFLANZE, HOLZGEWÄCHS, HAT EINEN STAMM, HAT ÄSTE, HAT ZWEIGE, TRÄGT LAUB ODER NADELN etc.)

Alle außersprachlichen Gegenstände, auf die die Beschreibung in (14) zutrifft, können als *Baum* bezeichnet werden. Anders betrachtet heißt das, dass durch den Lexikoneintrag von *Baum* die Klasse BAUM beschrieben wird. Wir können deshalb mit *Baum* einerseits wie in (15) ein individuelles Mitglied dieser Klasse bezeichnen und andererseits wie in (16) auf die Klasse aller Bäume verweisen:

(15) Der Baum vor dem Postamt ist altersschwach.
(16) Der Baum ist eine wichtige Pflanze.

Kehren wir zu Beispiel (13) zurück: Für eine plausible, inhaltlich relevante Lesart muss *Baum* nicht-wörtlich verstanden werden, da die durch *Der Professor* bezeichnete Person den in der lexikalischen Bedeutung von *Baum* erfassten distinktiven Merkmalen nicht entspricht. Die Frage ist natürlich, welche aktuelle Bedeutung *Baum* zugewiesen wird. Die Hörer könnten z. B. in einer bestimmten Kommunikationssituation (13) so verstehen, dass über den Professor mit Hilfe der spezifischen Verwendung von *Baum* ausgesagt werden soll, er zeichne sich durch die Merkmale GROSS und KRÄFTIG aus. Die Grundlage der aktuellen Bedeutung wäre dann eine Ähnlichkeitsbeziehung zwischen der Gestalt des Professors und der typischen Gestalt eines Baumes. Solche Ähnlichkeits- oder Analogiebeziehungen sind für das Verstehen von Metaphern grundlegend (s. dazu ausführlich Kap. 5.3).

Als erstes Resümee halten wir fest, dass es sich bei Metaphern um den nicht-wörtlichen Gebrauch eines sprachlichen Ausdrucks in einer bestimmten Kommunikationssituation (die auch bei der Produktion oder Rezeption eines schriftlichen Textes gegeben ist) handelt. Auf die wichtigsten weiteren Formen von nicht-wörtlichem Sprachgebrauch gehen wir in Kap. 1.5 und 1.6 ein.

Schließlich ist noch darauf hinzuweisen, dass eine scharfe Trennung von wörtlichem und nicht-wörtlichem Sprachgebrauch in der Linguistik strittig ist (s. z. B. Goatly ²2011: 14–23). Denn auch bei wörtlichem Sprachgebrauch wird die aktuelle Bedeutung eines Ausdrucks erst in Abhängigkeit vom kommunikativen Kontext festgelegt, da die lexikalische Bedeutung meist vage und unterspezifiziert ist. Die Psycholinguistik hat zudem gezeigt, dass metaphorischer Sprachgebrauch nicht wesentlich anders verarbeitet wird als wörtlicher Sprachgebrauch: Bei beiden wird meist zusätzliches Wissen einbezogen, um eine spezifische Bedeutung zu erzeugen, weil die sprachlich explizit ausgedrückte Information im Normalfall nicht ausreicht (s. Cacciari/Glucksberg ^{2}1998; Schwarz-Friesel 2004). In (15) wird z. B. nicht explizit ausgedrückt, um welche Art Baum es sich handelt. Aufgrund unseres Weltwissens werden wir aber einen für hiesige Breitengrade typischen Baum annehmen und nicht an eine Palme denken. Obwohl wir dadurch die aktuelle Bedeutung von *Baum* gegenüber der lexikalischen Bedeutung spezifizieren, haben wir *Baum* dennoch wörtlich verstanden. In (13) verstehen wir *ein Baum* dagegen nicht-wörtlich. Ein Grenzfall ist womöglich, wenn wir einen baumähnlichen Kunstgegenstand als *Baum* bezeichnen.

Aufgabe 1: In welchen der folgenden Äußerungen (a) bis (c) könnte der Ausdruck *Traktor* wörtlich und in welchen nicht-wörtlich gebraucht sein? Denken Sie sich kommunikative Situationen aus, in denen Ihre Lesarten plausibel sind: (a) Helmut Kohl ist ein Traktor. (b) Ich habe meinem Neffen einen Traktor geschenkt. (c) In der Ehe ist die Frau der Traktor und der Mann der Anhänger.

1.2 Metaphernbegriff

Der Begriff *Metapher* kommt aus dem Griechischen: *metaphorá* bedeutet 'Übertragung' und geht auf *metaphérein* 'anderswohin tragen' zurück. Der Metaphernbegriff wurde in der klassischen Rhetorik geprägt. Aristoteles definiert die Metapher als „Übertragung eines fremden Namens" (*Poetik* 1457b 6): Ein Wort wird auf einen Gegenstand bezogen, den es im Normalfall nicht bezeichnet. Die Definition ist sehr weit (und trennt noch nicht zwischen Metapher und Metonymie, s. Eggs 2001a: 1103 f.). Das Moment der „Übertragung" (selbst eine Metapher!) ist auch für alle späteren Bestimmungen des Begriffs wesentlich. In der Sprachwissenschaft wird, wie gesagt, unter Metapher eine besondere Form des nicht-wörtlichen Gebrauchs eines Ausdrucks in einer bestimmten Kommunikationssituation verstanden. Dabei stehen der Gegenstand, der durch die lexikalische Bedeutung des Ausdrucks erfasst wird, und der Gegenstand, auf den sich der Ausdruck bei metaphorischer Verwendung bezieht, (im Normalfall) in einer spezifischen Ähnlichkeits- oder Analogiebeziehung. Dieser Übertragungszusammenhang wird auch von Aristoteles als der wichtigste erachtet. Moderne Metapherntheorien berücksichtigen, dass die Ähnlichkeits-

oder Analogiebeziehungen zwischen den Gegenständen manchmal erst über die Metapher selbst konstruiert werden (s. Kap. 5.3).

Was wir in diesem Kapitel kurz zeigen wollen ist, dass der Begriff der Metapher in der Alltagssprache und in verschiedenen Wissenschaftsdisziplinen auf sehr unterschiedliche Weise gebraucht wird, die erheblich von der sprachwissenschaftlichen Bestimmung abweichen. Diese Betrachtung soll klarstellen, was wir im Verlauf unseres Buches nicht (!) unter Metapher verstehen wollen.

Wir beginnen mit einem berühmten Beispiel aus der Philosophiegeschichte, Friedrich Nietzsches Aufsatz *Ueber Wahrheit und Lüge im aussermoralischen Sinne* (1873). In dieser Abhandlung ist an vielen Stellen von Metaphern im rhetorischen Sinne die Rede. Nietzsche weitet den Begriff der Metapher aber auch stark aus:

(17) Wir glauben etwas von den Dingen selbst zu wissen, wenn wir von Bäumen, Farben, Schnee und Blumen reden und besitzen doch nichts als Metaphern der Dinge, die den ursprünglichen Wesenheiten ganz und gar nicht entsprechen. (Friedrich Nietzsche, *Kritische Studienausgabe*, I, 879)

Metaphern sind nach Nietzsche also nicht nur Ausdrücke in nichtwörtlicher Verwendung: Schon jedes Sprechen über einen außersprachlichen Gegenstand und jede Bezeichnung eines solchen Gegenstandes sind bereits Metaphern in dem Sinne, dass sie nicht den Gegenstand an sich erfassen, sondern nur sprachlich repräsentieren!

Eine philosophische Verwendung des Metaphernbegriffes, die nicht einmal mehr auf Sprache Bezug nimmt, zeigt (18):

(18) Ein Baum ist kein Baum, er ist die Metapher eines Baumes. (Nicolás Gómez Dávila)

Die Aussage ist vor dem Hintergrund der Ideenlehre Platons verständlich: Ein konkreter, individueller Baum ist nicht der 'Baum an sich', ist also nicht identisch mit der abstrakten Idee eines Baumes. Aber diese Idee wird durch einen konkreten Baum veranschaulicht.

Die Anwendung des Metaphernbegriffs auf nicht-sprachliche Gegenstände ist auch in der Alltagssprache häufig. Metapher wird dabei als Synonym für Begriffe wie Analogie oder Symbol gebraucht (siehe zum Symbolbegriff Kap. 8.2). Harald Martenstein fasst in seiner Kolumne in der *ZEIT* beispielsweise die Probleme bei der Bedienung eines Telefons mit automatischem Anrufbeantworter wie folgt zusammen:

(19) Ich dachte, dieses Telefon ist ja eine Metapher auf die Kapitalismuskritik. Auswahl gibt es, gewiss, nur das, was der Mensch wirklich braucht, ist nicht dabei, nämlich »dir endlich deine neuen Nachrichten vorspielen, Brüderchen«. (Harald Martenstein, *DIE ZEIT* 44, 26.10.2006, 79)

In den Einführungen zur Metapher von Kövecses (^{2}2010) sowie Knowles und Moon (2006) wird der Metaphernbegriff auch auf Fälle wie (19) ausgedehnt. Die Autoren beziehen den Metaphernbegriff überhaupt generell auf die konzeptuelle, also rein geistige (nicht sprachlich repräsentierte) Ebene. So genannte nicht-verbale Metaphern ('non-verbal metaphors') werden anhand von Beispielen aus so verschiedenen Bereichen wie Film, Musik, Malerei, Fotografie, Architektur, Religion oder Öffentlichkeitskultur vorgestellt. Wir schließen uns dieser Ausdehnung des Metaphernbegriffs nicht an (vgl. Kap. 1.3).

Desgleichen schließen wir uns nicht der in alltagssprachlichen Kontexten öfter anzutreffenden Begriffsverwendung an, nach der jede sprachliche Äußerung als Metapher bezeichnet wird, der man eine zusätzliche, über das wörtlich Mitgeteilte hinausweisende Bedeutung zuordnen kann. Diese Verwendung des Metaphernbegriffs findet sich beispielsweise in aktueller Literatur zu Lebenshilfe, Psychotherapie, Managementberatung usw. Das *Metaphern-Lernbuch* von Alexa Mohl etwa enthält keine Metaphern in dem von uns gebrauchten Sinne des Wortes, sondern vielmehr verschiedene Arten von Geschichten, z. B. Mythen, Gleichnisse, Parabeln, Fabeln und Märchen. Diese Geschichten werden von der Autorin allgemein als Metaphern bezeichnet, da sie in therapeutischen Kontexten eine besondere Bedeutung vermitteln können:

(20) Wenn ein Lehrer oder ein Berater eine Geschichte erzählt, in der Absicht, einen Lernprozeß zu unterstützen, nennt man diese Geschichte eine Metapher. (Alexa Mohl, *Das Metaphern-Lernbuch*, Paderborn 2000, 14)

Aus sprachwissenschaftlicher Sicht kann ein derart vager und beliebiger Metaphernbegriff wie in (20) nicht hilfreich sein.

Wir werden unsere Arbeitsdefinition von Metaphern als einer spezifischen Form des nicht-wörtlichen Sprachgebrauchs im Folgenden immer wieder aufgreifen und dabei genauer erläutern. Auf einen weiteren Aspekt der Terminologie wollen wir verweisen: Wir sprechen nicht nur von Metaphern, sondern auch von metaphorischen Äußerungen. Unter Äußerungen versteht man Sätze, die in einem konkreten Kommunikationszusammenhang verwendet werden. Metaphorische Äußerungen zeichnen sich dadurch aus, dass sie mindestens einen Ausdruck enthalten, der in nicht-wörtlicher Weise verwendet wird. Im Minimalfall ist dies nur ein Wort, im Maximalfall werden alle in der Äußerung enthaltenen Ausdrücke metaphorisch gebraucht.

1.3 Metaphern als Ausdruck von Konzeptualisierung

Bisher haben wir Metaphern vor allem als eine besondere Form der Sprachverwendung charakterisiert. Dieser Aspekt ist aus linguistischer Sicht wesentlich. Wichtig ist aber auch die Frage, auf welche Konzepte mit metaphorischem Sprachgebrauch Bezug genommen wird und welcher Art die damit ausgedrückten Konzeptkombinationen sind. Mit dieser Frage beschäftigt sich die Kognitive Linguistik (s. Schwarz-Friesel 2004). Bevor wir die durch Metaphern zum Ausdruck gebrachten Konzeptkombinationen näher betrachten, müssen wir uns darüber verständigen, worauf wir uns mit Sprache überhaupt beziehen können und was Konzepte sind (s. Schwarz/ Chur [5]2007: 24–27, Schwarz [3]2008: 108–115).

Sprachliche Ausdrücke werden in konkreten Kommunikationssituationen dazu benutzt, auf Gegenstände der außersprachlichen Welt zu verweisen. Dieser Prozess wird **Referenz** genannt. Die lexikalische Bedeutung erfasst, wie wir gesehen haben, die wesentlichen Eigenschaften der Gegenstände, auf die man mit dem Ausdruck referieren kann und legt damit die Menge der potenziellen **Referenten** des Ausdrucks fest.

Die Begriffe außersprachlicher Gegenstand bzw. Referent sind im weitesten Sinne zu verstehen, weil wir auf die unterschiedlichsten Einheiten **referieren** können, z. B. auf konkrete Objekte, Tiere und Personen, auf alle über unsere Sinnesorgane (durch Sehen, Hören, Betasten, Riechen, Schmecken) wahrnehmbaren Eigenschaften und auf alle Körperzustände und Gefühle. Wir können aber auch auf abstrakte Vorstellungen (wie Freiheit oder Weltfrieden) und andere rein geistige Einheiten, etwa aus der Vergangenheit (z. B. Goethe), aus der Fiktion (z. B. Donald Duck, Felix Krull), der persönlichen Erinnerung und Fantasie usw., referieren. Solche Einheiten nehmen wir bewusst in ihrem mentalen Charakter wahr.

Aber auch von den sinnlich wahrnehmbaren Einheiten erstellen wir geistige Repräsentationen. So haben wir z. B. eine **mentale Repräsentation** von unserer eigenen Mutter im Langzeitgedächtnis gespeichert. Es handelt sich hierbei um ein Individuen- oder Token-Konzept. Zugleich verfügen wir über ein Klassen- oder Type-Konzept MUTTER, welches generalisierend und abstrahierend die wesentlichen Eigenschaften (FRAU, HAT KIND GEBOREN) der Kategorie repräsentiert. **Konzepte** sind demnach, ganz allgemein gesprochen, mentale Organisationseinheiten, in denen wir Wissen speichern. Mithilfe von Kategorienkonzepten werden Informationen nach Klassen mit bestimmten Eigenschaften eingeteilt. Diese Einteilung gestattet uns, die riesigen Informationsmengen, mit denen wir ständig zu tun haben, ökonomisch zu speichern und zu verarbeiten. Der grundlegende Prozess der Bildung von geistigen, intern gespeicherten Repräsentationen wird allgemein als **Konzeptualisierung** bezeichnet. Das Resultat einer Konzeptualisierung ist somit die geistige Vorstellung, die wir uns von etwas gemacht haben. Auf welche Konzepte wird nun bei metaphorischem Sprachgebrauch referiert und welche spezifischen Konzeptkombinationen kommen zustande? Prinzipiell wären alle denkbaren Kombinationen von Konzepten möglich. Es lassen sich anhand authentischer Sprachverwendung aber deutliche Präferenzen aufzeigen. Häufig sind Fälle wie in (4), wo ein abstraktes Konzept wie WELT mit Hilfe eines konkreten Konzeptes wie LASAGNE charakterisiert wird:

(4)   Die Welt ist eine Lasagne. (Juli Zeh, *Spieltrieb*, 297)

Die genaue Bedeutung ist dabei meist kontextabhängig. Der Unterschied im Grad der Abstraktheit zeigt sich auch in (21) und (22):

(21)   Die Welt ist ein Hospital. (Heinrich Hoffmann)
(22)   Die Welt ist ein Gefängnis, in dem Einzelhaft vorzuziehen ist. (Karl Kraus)

In (23) wird die Institution UNIVERSITÄT metaphorisch als HAIFISCHBECKEN charakterisiert, in (24) als DURCHLAUFERHITZER:

(23)   Was wird das Leben mit diesem verwöhnten Sprößling, der studieren soll, aber in diesem Haifischbecken Universität nicht bis zum Anschlag auf sich selbst schwimmen konnte, was wird das Leben mit Gudrun anfangen? (Elfriede Jelinek, *Die Kinder der Toten*, 50)
(24)   Wenn sie [der geisteswissenschaftliche Nachwuchs] nach zwölf Jahren merken, dass sie nicht gut genug sind oder dass kein Platz für sie ist in der Wissenschaft, bietet sich für sie kaum ein alternativer Arbeitsmarkt. Historisierende Taxifahrer gibt es bereits genug. [Der Kölner Jura-Professor Ulrich] Preis sieht das eher kühl: 'Universitäten sind eben Durchlauferhitzer.' (Spiegel-online, 14.2.2002)

Dass der Grad der Abstraktheit eine entscheidende Rolle spielt, zeigt sich darin, dass die in (23) und (24) ausgedrückten Konzeptkombinationen nicht einfach umkehrbar sind, wie (25) und (26) belegen (s. Jäkel 2003):

(25)   ? Ein Haifischbecken ist eine Universität.
(26)   ? Durchlauferhitzer sind Universitäten.

Durch metaphorische Äußerungen können aber auch Konzepte miteinander kombiniert werden, die nicht abstrakt sind. In (5) wird der visuelle Eindruck des Mondes mit dem eines spezifischen Fladenbrots gleichgesetzt, in (27) der von Fingern mit dem von Ästen:

8

(5) Der Mond, ein unregelmäßig gebackenes Fladenbrot. (Juli Zeh, *Spieltrieb*, 32)

(27) Nicht wahr, sie machen euch Angst, meine Finger, / So lang und so knochig, zehn krumme verdorrte Äste. (Durs Grünbein, Der Misanthrop auf Capri, in: *Nach den Satiren*, 25)

Häufig sind auch Kombinationen von Konzepten, die unterschiedliche Sinneswahrnehmungen repräsentieren. In (28) wird etwa ein auditiver Eindruck mittels der visuellen Konzepte SCHATTIG und FAHL charakterisiert:

(28) [D]ie exzellente Pianistin Claire Chevalier [verleiht] auf dem schattig und fahl tönenden Erard-Flügel von 1905 dem tristen Klavierkonzert ein ganz neues, beklemmendes Klangprofil des Ungeschminkt-Wahrhaftigen und Lebensmüden. (Attila Csampai, *Fono Forum* 12/2006, 65)

Der sprachliche Ausdruck von Kopplungen unterschiedlicher perzeptueller Konzepte wird als **Synästhesie** bezeichnet.

Dass im Sprachgebrauch Präferenzen bei der Auswahl der Konzeptkombinationen zu beobachten, ist schon in früherer Zeit bemerkt worden. Hermann Paul z. B. gibt dazu – natürlich ohne den Begriff Konzept zu verwenden! – in den *Prinzipien der Sprachgeschichte* (1880) folgende Erläuterung (vgl. Kap. 4.1 u. 4.2):

Es ist selbstverständlich, dass zur Erzeugung der Metapher, soweit sie natürlich und volkstümlich ist, in der Regel diejenigen Vorstellungskreise herangezogen werden, die in der Seele am mächtigsten sind. Das dem Verständnis und Interesse ferner liegende wird dabei durch etwas Näherliegendes anschaulicher und vertrauter gemacht. (Paul 1880: 95)

Allgemein lässt sich das Verhältnis von Referenz und Bedeutung für metaphorische Äußerung der Art *X ist ein Y* so fassen: Mit dem Ausdruck *X* wird auf das Konzept$_1$ referiert, mit dem Ausdruck *Y* auf das Konzept$_2$. Aus der Perspektive des Sprachverstehens ergibt sich: Die Rezipienten vollziehen einerseits diese Referenz; andererseits konstruieren sie im Verstehensprozess eine spezifische Relation zwischen Konzept$_1$ und Konzept$_2$, die im Normalfall gedeutet wird als KONZEPT$_1$ IST WIE KONZEPT$_2$ BEZÜGLICH DER MERKMALE Z. Metaphorischer Sprachgebrauch dient also immer dazu, ein bestimmtes Konzept durch das In-Beziehung-Setzen zu einem anderen Konzept näher zu charakterisieren, wobei das Wesentliche dieser Beziehung durch die Merkmale Z erfasst wird (s. Kap. 5.3). Im bereits zitierten Beispiel (22) wird die Relation zwischen den Konzepten WELT und GEFÄNGNIS z. B. durch die Merkmale EINSCHRÄNKEND, BEENGEND etc. hergestellt:

(22) Die Welt ist ein Gefängnis, in dem Einzelhaft vorzuziehen ist. (Karl Kraus, *Aphorismen*, 68)

9

Aufgabe 2: Erläutern Sie, welche konzeptuellen Bereiche in den metaphorischen Äußerungen (die wir zum Anfang des Kapitels zitiert hatten) gekoppelt werden und in welchem Verhältnis diese konzeptuellen Bereiche stehen!: (1) Zitate sind Eis für jede Stimmung. (Christian Morgenstern) (2) Die Hunde sind die Nachtigallen der Dörfer. (Jean Paul) (3) Das Fett ist sein erster Sarg. (Jean Paul) (7) Ich bin eine geräuschlose Maschine. (Tom Schulz) (8) Ich bin Spinoza! (Robert Menasse) (9) Mein Gehirn war Rührei. (Boris Becker)

Wir werden in Kap. 4.2 weiter auf die Systematik metaphorischer Charakterisierungen eingehen.

Der Zusammenhang zwischen verschiedenen Typen von Konzeptualisierungen, die in metaphorischen Äußerungen besonders zum Ausdruck kommen können, wird in neueren kognitiven Metapherntheorien in den Vordergrund gestellt. Die bekannteste ist die Theorie der konzeptuellen Metapher ('Conceptual Metaphor Theory') von George Lakoff und Mark Johnson, die sie erstmals ausführlich 1980 in *Metaphors we live by* vorgestellt haben. Lakoff und Johnson gehen davon aus, dass Metaphern nur über ihren Bezug zur Konzeptualisierung menschlicher Erfahrung verstanden werden und dargestellt werden können (Lakoff/Johnson 1980: 19, 115). Für Lakoff und Johnson sind Metaphern dementsprechend zuallererst ein Phänomen des konzeptuellen Systems des Menschen und erst in zweiter Linie eine Angelegenheit der Sprache. Deshalb verschieben sie den Metaphernbegriff auch von der sprachlichen auf die konzeptuelle Ebene. Wenn sie von Metapher sprechen, so meinen sie damit eine **konzeptuelle Metapher**, d. h. die Charakterisierung eines Konzeptes, des Zielbereiches, durch ein Konzept, das als Ursprungsbereich fungiert (etwa in der Konzeptkombination LIEBE ALS REISE). Konzepte, die durch den Inhalt anderer Konzepte charakterisiert und strukturiert werden (wie etwa LIEBE), bezeichnen sie dementsprechend als **metaphorische Konzepte**. Die sprachlichen Realisierungen, z. B. *Unsere Liebe ist eine abenteuerliche Weltreise*, sind für Lakoff und Johnson lediglich der explizite Ausdruck einer konzeptuellen Metapher. Wir schließen uns dieser Begriffsbestimmung nicht an und gebrauchen den Begriff Metapher weiterhin nur im Hinblick auf die sprachliche Ebene, nicht aber in Bezug auf konzeptuelle Strukturen. Damit bleibt der Unterschied zwischen diesen beiden Ebenen auch in der Terminologie ersichtlich. Dass Lakoff und Johnson den Metaphernbegriff auf die konzeptuelle Ebene anwenden, hängt auch damit zusammen, dass sie als Vertreter der **holistischen** Kognitionslinguistik (s. Schwarz [3]2008: 53–56) allgemein nicht scharf zwischen sprachlichem und konzeptuellem Wissen unterscheiden, da sie davon ausgehen, dass Sprache und Denken denselben kognitiven Prinzipien unterliegen. (Auf Aspekte der Theorie von Lakoff und Johnson gehen wir noch in Kap. 4.2 und 5.3 ein.)

Im Folgenden charakterisieren wir metaphorischen Sprachgebrauch noch genauer, indem wir ihn von Vergleichen und von metonymischem Sprachgebrauch abgrenzen und ihn im Zusammenhang weiterer Formen nicht-wörtlicher Sprachverwendung zeigen.

1.4 Metapher und Vergleich

> *Denn für unser Bewusstsein (und wo ein anderes hernehmen?) offenbart sich die Materie nur über die Metapher, es gibt kein Sein außerhalb des Vergleichs, denn das Sein ist selber Vergleich.* (Ossip Mandelstam)

Nach traditioneller Auffassung besteht ein sehr enger Zusammenhang zwischen Metapher und Vergleich. Aus der lateinischen Rhetorikgeschichte ist etwa Quintilians Formel von der Metapher als „verkürztem Vergleich" bekannt. Ebenso hat auch Cicero die Metapher als „Kurzform eines zu einem einzigen Wort zusammengezogenen Vergleichs" bestimmt (zit. n. Eggs 2001a: 1108).

In der griechischen Rhetorikgeschichte sind die Aussagen von Aristoteles prominent: Er bestimmt die Metapher nicht als verkürzten Vergleich, sondern umgekehrt den Vergleich als eine Unterform der Metapher, „denn der Unterschied zwischen beiden ist nur gering" (*Rhetorik*, 1407). Unterschiedlich ist die sprachliche Form: Sagt man *Wie ein Löwe stürzte er auf ihn*, so handelt es sich um einen Vergleich; sagt man aber *Ein Löwe stürzte auf ihn*, so handelt es sich um eine Metapher. Aristoteles stellt aber auch fest, der Vergleich sei gegenüber der Metapher „weniger angenehm", da „weitläufiger formuliert", er bringe „nicht zum Ausdruck, daß dieses jenes sei" und deshalb „sucht auch die Seele nicht danach" (*Rhetorik*, 1410b). Die grundsätzliche Übereinstimmung zwischen Metapher und Vergleich sieht Aristoteles darin, dass in beiden eine Kombination von verschiedenen Vorstellungen zum Ausdruck kommt: „Gut angesehene Vergleiche sind auf gewisse Weise Metaphern; denn sie werden immer aus zwei Dingen wie die Metapher aus der Analogie gesagt" (*Rhetorik* 1413a). Gute Vergleiche liegen demnach vor, „wenn eine Übertragung (metaphorá) stattfindet" (ebd.). Man sieht an diesen Bestimmungen, dass Aristoteles die Metapher gar nicht allein auf der sprachlichen Ebene definiert, sondern eine „kognitive

11

und erkenntnistheoretische Fundierung der Metapher" (Eggs 2001a: 1107) vornimmt. Die Unterscheidung von Metapher und Vergleich ist linguistisch bedeutsam: Metaphorische Äußerungen der Form *A ist ein B* drücken sprachlich explizit eine IST-Relation aus, die im Normalfall einen logischen Widerspruch ergibt. Im Verstehensprozess werden sie deshalb umgedeutet im Sinne von KONZEPT$_1$ (bezeichnet durch *A*) IST WIE KONZEPT$_2$ (bezeichnet durch *B*). Vergleiche der Form *A ist wie ein B* ergeben meist keinen logischen Widerspruch; die sprachlich explizit ausgedrückte IST WIE-Relation muss aber auch erst auf konzeptueller Ebene gedeutet werden:

(29) Die Universität ist ein Haifischbecken.

(30) Die Universität ist wie ein Haifischbecken.

Auf sprachlicher Ebene besteht also ein erheblicher Unterschied zwischen einer metaphorischen Äußerung wie (29) und einem Vergleich wie (30): (29) ergibt einen logischen Widerspruch, da UNIVERSITÄT nicht unter die Kategorie HAIFISCHBECKEN fällt, (30) ergibt dagegen nicht zwingend einen logischen Widerspruch, da durch die Partikel *wie* sprachlich explizit nur eine Ähnlichkeit behauptet wird. In beiden Fällen wird die Äußerung auf konzeptueller Ebene gedeutet als UNIVERSITÄT IST WIE HAIFISCHBECKEN BEZÜGLICH DER MERKMALE Z, wobei in beiden Fällen dieselbe Schwierigkeit darin besteht, die Merkmale Z zu konstruieren, da diese weder in (29) noch (30) explizit benannt werden. Wir sehen, dass sowohl Quintilian und Cicero mit ihrer Bestimmung der Metapher als verkürztem Vergleich (auf Sprachebene), als auch Aristoteles mit seiner Rede von anspruchsvollen Vergleichen, die in gewisser Weise Metaphern sind (bezüglich der Komplexität auf geistiger Ebene) wesentliche Charakteristika von Metaphern und Vergleichen erfasst haben.

Die enge Beziehung zwischen beiden Phänomenen lässt sich auch anhand authentischer Sprachdaten mühelos nachweisen. Es ist nicht ungewöhnlich, dass in Texten Vergleich und Metapher abwechselnd verwendet werden oder in Kombination auftreten. Das trifft nicht nur für literarische Texte zu, sondern auch für alltagssprachliche Textsorten wie Berichte in Zeitungen. Wir zeigen im Folgenden einige Beispiele aus der Literatur. In Robert Musils Roman *Der Mann ohne Eigenschaften* (1930/32) etwa spielen Vergleich und Metapher und ihr Zusammenhang eine wesentliche Rolle in der Darstellung. Für Musil sind Metapher und Vergleich als Ausdruck der Kombination verschiedenster Vorstellungsbereiche bzw. Konzepte identisch (vgl. das Zitat in Kap. 8.1). Im *Mann ohne Eigenschaften* wird eine Fülle von Vergleichen geboten:

(31) Was ist also abhanden gekommen? Etwas Unwägbares. Ein Vorzeichen. Eine Illusion. Wie wenn ein Magnet die Eisenspäne loslässt und sie wieder durcheinandergeraten. Wie wenn Fäden aus einem Knäuel herausfallen. Wie wenn ein Zug sich gelockert hat. Wie wenn ein Orchester falsch zu spielen anfängt. (Robert Musil, *Der Mann ohne Eigenschaften*, 57 f.)

Manche Gegenstände des Romans werden sowohl durch Metaphern als auch durch Vergleiche beschrieben, so z. B. das Klavier, das einem befreundeten Paar von Ulrich, dem Romanhelden, gehört. In (32) wird das offen stehende Klavier metaphorisch als Hund charakterisiert; in (33) wird sein Anblick mit dem eines ungemachten Bettes verglichen:

(32) Ulrich hatte dieses stets offene Klavier mit den gefletschten Zähnen nie leiden mögen, diesen breitmäuligen, kurzbeinigen, aus Teckel und Bulldogg gekreuzten Götzen, der sich das Leben seiner Freunde unterworfen hatte [...]. (Robert Musil, *Der Mann ohne Eigenschaften*, 48)

(33) Das Klavier in seinem Rücken stand offen wie ein Bett, das ein Schläfer zerwühlt hat, der nicht aufwachen mag, um der Wirklichkeit nicht ins Gesicht sehen zu müssen. (Robert Musil, *Der Mann ohne Eigenschaften*, 60)

Die Beispiele (32) und (33) liegen im Roman zwölf Seiten auseinander. Metapher und Vergleich in Bezug auf dieselben Gegenstände verwendet Musil aber auch häufig in enger Kombination.

Häufig sind auch Fälle, in denen Charakterisierungen, die zunächst als Vergleiche eingeführt werden, als Metaphern fortgeführt oder wieder aufgenommen werden. Ein Grund dafür könnte sein, dass Vergleiche als weniger ungewöhnlich und ausdrucksstark empfunden und daher von Autoren als gut geeignet angesehen werden, um auf Metaphern vorzubereiten. In *Spieltrieb* (2004) von Juli Zeh findet sich etwa folgende Passage:

(34) Ada las, wie man Stämme in ein Sägewerk schiebt. Weil sich von den dicken, harten Klötzen am längsten zehren ließ, mochte sie vor allem die Literatur des vorletzten Jahrhunderts und alles, was vor dem Zweiten Weltkrieg geschrieben worden war. (Juli Zeh, *Spieltrieb*, 32)

Der im ersten Satz von (34) sprachlich explizit durch *wie* eingeführte Vergleich von [BÜCHER] LESEN und STÄMME INS SÄGEWERK SCHIEBEN wird im zweiten Satz metaphorisch fortgesetzt. Die Rezipienten werden die *dicken, harten Klötze* als Metaphern für 'umfangreiche Romane' verstehen. Das im Vergleich des ersten Satzes erwähnte Lexem *Sägewerk* taucht im Roman fünf Seiten später in metaphorischer Verwendung wieder auf:

(35) Bevor jemand in Adas Leben auftauchte, der das Sägewerk in ihrem
Kopf besser zu beschäftigen wusste, als ein Buch es jemals vermocht hatte, bevor diese Begegnung sie aus der Welt der Literatur in die so genannte echte Welt hinauszwang und bevor überhaupt alles sich änderte,
musste noch ein Jahr vergehen, in dem eine Menge geschah, das Ada
immer nur am Rand berührte. (Juli Zeh, *Spieltrieb*, 37)

Die Beispiele zeigen, dass Metapher und Vergleich im Sprachgebrauch in Kombination und enger Verbindung auftreten können.
Dennoch können sie sprachlich klar voneinander unterschieden
werden. Die durchaus mögliche Komplexität sollen zwei Beispiele
aus Gedichten von Durs Grünbein abschließend zeigen, in denen
jeweils Vergleiche Teil metaphorischer Äußerungen sind. In (36)
werden Vergleiche selbst auf diese Art charakterisiert:

(36) Halbzeit ist, wenn Erinnern zum Tinnitus wird und Vergleiche / In der
Luft schwirrn wie Mücken, deren Blutdurst mich quält. (Durs Grünbein,
Gespräch mit dem Dämon auf halbem Wege, in: *Nach den Satiren*, 215)
(37) Im Brustkorb das Herz / Zerrt am Seil wie vor Steilwandklüften. (Durs
Grünbein, Mehrere Schweißausbrüche, in: *Erklärte Nacht*, 127)

Aufgabe 3: Im folgenden Textabschnitt lässt Henning Boëtius den Helden seiner Kriminalromane, einen holländischen Auslandsermittler, beschreiben, auf
welche Weise er sich bei Ermittlungen in fremden Ländern tarnt: „Ich versuche
nämlich, mich durch Zuneigung [...] so geschickt anzupassen, daß mich meine
Feinde einfach übersehen. [...] Beziehungen sind für mich das gleiche, was die
Ackerfurchen für den gejagten Hasen sind. Ich ducke mich einfach hinein und
höre, wie der Fuchs näherkommt. Ehe er mich entdeckt, muß ich mein Ver-
steck wieder verlassen und hakenschlagend weiterhetzen." (Henning Boëtius,
Das Rubinhalsband, 12) Analysieren und erläutern Sie anhand dieses Beispiels
den Unterschied und Zusammenhang von Vergleich und Metapher!

1.5 Metapher und Metonymie

Neben der Metapher gibt es weitere Formen des nicht-wörtlichen
Sprachgebrauchs. Die prominenteste ist die **Metonymie** (von Griechisch *metonymía* 'Namensvertauschung') (s. Egg 2004; vgl. Eggs
2001b). Metonymien dienen zur ökonomischen Bezeichnung von
Gegenständen. Häufige Formen sind z. B.:

(38) Ich lese am liebsten Thomas Mann.
(39) Die Zeitung schreibt wieder einmal nichts Interessantes.
(40) Ich trinke abends ganz gern ein Glas.
(41) Der Stahl brach beim Schnitzen ab.
(42) Berlin betont die Verlässlichkeit der deutschen Außenpolitik.
(43) München trifft sich auf dem Oktoberfest.

14

(44) Franz Beckenbauer hat die Fußball-WM nach Deutschland geholt.

In den Beispielen (38) bis (44) finden sich geläufige Formen metonymischer Ersetzungen: In (38) steht der Name des Autors (*Thomas Mann*) für sein Werk; in (39) das Produkt (*Zeitung*) für den bzw. die Produzenten (hier: die Journalisten); in (40) das Gefäß (*Glas*) für den Inhalt (z. B. Sherry); in (41) der Rohstoff (*Stahl*) für das Erzeugnis (hier: Klinge); in (42) der Ort (*Berlin*) für die Institution (hier: die Regierung); in (43) der Ort (*München*) für die Einwohner und in (44) eine Person (*Franz Beckenbauer*) für eine Gruppe (hier: das Organisationsteam der WM-Bewerbung).

Um etwas ungewöhnlichere Beispiele handelt es sich bei den folgenden Zitaten aus Gedichten:

(45) Das Cello trinkt rasch mal. (Gottfried Benn, *Nachtcafé*)
(46) Bartflechte kauft Nelken (Gottfried Benn, *Nachtcafé*)
(47) Da trat mir das Salz ins Aug (Harald Hartung, *Mantegnas Sebastian*)

In (45) steht ein Instrument (*Cello*) für den Musiker, der es spielt, in (46) eine Hauterkrankung (*Bartflechte*) für die von ihr befallene Person und in (47) ein Inhaltsstoff (*Salz*) für die Flüssigkeit, die ihn enthält, nämlich die Träne.

Die Beispiele (38) bis (47) belegen, dass der Zusammenhang zwischen dem Konzept, das der jeweilige Ausdruck bei wörtlichem Gebrauch bezeichnet, und dem Konzept, auf das der Ausdruck bei metonymischem Gebrauch referiert, ein konkreter Sachbezug ist: Die Konzepte verbindet nicht, wie bei der Metapher, eine Ähnlichkeit oder Analogie, sondern sie stehen in einer realen Beziehung, einer engen konzeptuellen Relation.

Wenn es sich bei dieser Relation zwischen den Konzepten um eine Teil-Ganzes-Relation handelt, dann wird der dementsprechende übertragene Wortgebrauch in der Rhetorik als **Synekdoche** (von Griechisch *synekdoché*, 'das Mitverstehen') bezeichnet. Synekdoche und Metonymie werden in rhetorischen Lehrwerken oft getrennt behandelt (s. z. B. Plett [9]2001), die Grenzen zwischen ihnen sind aber fließend. Die Synekdoche kann auch als Unterform der Metonymie aufgefasst werden im Sinne einer „Metonymie quantitativer Beziehung" (Lausberg [4]2008: 295). Für die Teil-Ganzes-Relationen, auf denen Synekdochen beruhen, bestehen zwei Möglichkeiten: Einerseits kann ein Gegenstand mit einem Ausdruck bezeichnet werden, der bei wörtlichem Gebrauch lediglich einen Teil dieses Gegenstandes benennt; demnach steht dann der Teil für das Ganze (**pars pro toto**) wie in (48), wo eine Person metonymisch durch einen auffälligen Körperteil bezeichnet wird:

(48) Der Bauch kam auf mich zu.

Andererseits kann ein Gegenstand mit einem Ausdruck bezeichnet werden, der eigentlich eine übergeordnete Einheit benennt; dann steht das Ganze für den Teil (**totum pro parte**), wie in (49), wo der Ländername *Deutschland* metonymisch für die Fußballnationalmannschaft der Frauen steht:

(49) Deutschland ist 2003 Fußballweltmeister geworden.

Metonymie und Metapher lassen sich im Normalfall gut voneinander unterscheiden (vgl. Croft/Cruse 2004: 216–220, Dirven/Pörings 2002). Da bei Metonymien keine Ähnlichkeits- oder Analogierelation zugrunde liegt, lässt sich das Verhältnis der beiden beteiligten Konzepte z. B. nicht als Vergleichsrelation erfassen. In (50) wird mit der metonymischen Verwendung von *Trommel* der Musiker bezeichnet, der sie spielt. Die Vergleichsrelation DIE TROMMEL IST WIE EIN MUSIKER ergibt keinen Sinn:

(50) Die Trommel liest den Kriminalroman zu Ende. (Gottfried Benn, *Nachtcafé*)

Metonymien dienen der ökonomischen und präzisen Bezeichnung: Durch *Trommel* wird ein Musiker aus einer Gruppe eindeutig benannt. Das Lexem *Musiker* muss gar nicht erst verwendet werden. Eine Formulierung der Form *A ist ein B*, wie sie für Metaphern typisch ist, ergibt für Metonymien deshalb keinen Sinn:

(51) ? Die Trommel ist ein Musiker.

Metapher und Metonymie können aber auch in Kombination auftreten (vgl. Keller 1995: 178):

(52) Die Gurkennase sitzt auf dem Sofa.

In (52) referiert *Gurkennase* metonymisch auf eine Person. Gleichzeitig handelt es sich bei der Bezeichnung des Körperteils, der pars pro toto für die Person steht, um eine Metapher (s. Kap. 2.2). Das Aussehen der Nase wird durch *Gurke* metaphorisch charakterisiert.

Aufgabe 4: Im Dezember 2006 konnte man Plakaten der Kindernothilfe begegnen, die die Aufschrift *Entschuldigung, Sie haben da einen Brunnen am Ohr hängen* trugen. Die kleiner gedruckte Unterzeile lautete *Schmuck kaufen oder Zukunft schenken*. Durch weitere Erläuterungen auf dem Plakat wurden die Betrachter aufgefordert, finanzielle Patenschaften für Not leidende afrikanische Kinder zu übernehmen. Diskutieren und erläutern Sie, ob es sich hier bei der nicht-wörtlichen Verwendung von *Brunnen* um metonymischen oder metaphorischen Sprachgebrauch handelt!

1.6 Metapher und weitere rhetorische Figuren

Neben Metaphern und Metonymien gibt es weitere Formen des nicht-wörtlichen Sprachgebrauchs. In der Rhetorik werden besondere Sprachverwendungsformen allgemein als **rhetorische Figuren** (und in der Stilistik als **Stilfiguren**) bezeichnet. Die rhetorischen Figuren, die Formen von nicht-wörtlicher Sprachverwendung benennen, werden in der Rhetorik unter dem Begriff **Tropen** (Singular: **die Trope** oder **der Tropus**) zusammengefasst. Tropen sind rhetorische Figuren der Übertragung. Die verschiedenen Tropen lassen sich nicht immer strikt voneinander abgrenzen, sie treten oft in Mischformen auf: Wir wollen im Folgenden zeigen, dass Ironie, Hyperbel oder Euphemismus mit Hilfe von Metaphern realisiert werden können (vgl. Lausberg [4]2008).

Im Falle der **Ironie** sagt der Sprecher nicht das, was er eigentlich meint, sondern etwas Gegenteiliges. Ironie ist eine Form von indirektem Spott: Meist werden negative Umstände und Dinge positiv beschrieben und durch diese unpassende positive Charakterisierung lächerlich gemacht. Konventionell gewordene Beispiele solcher Sprachverwendung sind etwa *jemanden mit seiner Anwesenheit beglücken* im Sinne von 'jemanden stören, jemandem lästig fallen' (DUW) oder die Dankesformel *Vielen Dank für die Blumen!*, wenn sie als Antwort auf eine kritische Äußerung gebraucht wird.

Um Ironie zu verstehen, müssen Rezipienten erkennen, dass der Sprecher nicht die Bewertung zum Ausdruck bringt, die er eigentlich meint. Deshalb wird Ironie auch häufig nicht erkannt. In der mündlichen Kommunikation wird sie meist durch Mimik und Tonfall signalisiert. Das folgende Beispiel stammt aus einem Kabarettprogramm. Auch wenn wir die außersprachlichen Ironie-Signale nicht wiedergeben können, so wird doch deutlich, dass Georg Schramm in seiner Rolle als sarkastisch-eloquenter Rentner Dombrowski die Metapher vom *scheuen Reh des Kapitals* ironisiert, in dem er sie wie folgt fortsetzt und ausschmückt (vgl. Kap. 6.3):

(53) Mir hat neulich in der Bank einer gesagt, es gibt seit Jahrzehnten einen stehenden Begriff in Bankenkreisen: „Nichts ist so ängstlich wie das scheue Reh des Kapitals". Das finde ich einen sehr schönen bildhaften Ausdruck, das kann man sich vorstellen: Ein Fluchttier, das scheue Reh des Kapitals, ängstlich zitternd äst es im Börsendickicht, immer Angst vor Entdeckung, und bei jedem Laut, einem Knacken im Unterholz, Hans Eichel fällt vom Ast, und schon erschrickt das scheue Reh des Kapitals, springt übern Zaun, weg nach Luxemburg und dann haben wir es gesehen, dann ist es weg. (Georg Schramm, *Thomas Bernhard hätte geschossen. Ein Kabarettsolo*, 2005)

Eine weitere Form rhetorischer Übertragungsfiguren sind **Hyperbeln**. Bei Hyperbeln handelt es sich um Übertreibungen. Im allgemeinen Sprachgebrauch finden sich beispielsweise übertreibende Formulierungen wie *sich zu Tode langweilen* im Sinne von 'sich sehr langweilen' oder *nichts anzuziehen haben* im Sinne von 'nichts Passendes anzuziehen haben'. Hyperbeln können in ihrer einfachsten Form in einer graduellen Übertreibung bestehen, etwa in:

(54) Die Dozentin hat zehntausend Fehler in meiner Klausur gefunden.
(55) Unzufriedene Menschen gibt es wie Sand am Meer.

Hyperbeln können aber auch durch die Zuhilfenahme anderer rhetorischer Figuren erzeugt werden. Um eine metaphorische Hyperbel handelt es sich z. B. beim ersten Teil der Überschrift eines *Titanic*-Artikels, in dem sich Eckhard Henscheid sarkastisch-sprachkritisch mit misslungenen Formulierungen von Angela Merkel auseinandersetzt:

(56) Operation Hirntod. Oder: Ein Jahr Bundeskanzlerin Merkel. (*Titanic. Das endgültige Satiremagazin*, 10/2006, 16)

Im folgenden Witz kann die metaphorische Verwendung von *Adler* und *Schwein* als hyperbolischer Sprachgebrauch gewertet werden, da durch sie auf übertriebene Weise der Rangunterschied zwischen Professoren und Studenten zum Ausdruck gebracht werden soll:

(57) Professor sitzt in der Mensa und isst. Ein Student setzt sich ungefragt ihm gegenüber. Etwas verärgert meint der Professor:»Also, seit wann essen denn Adler und Schwein an einem Tisch?« Der Student:»Okay, dann flieg ich eben weiter…«

Bei **Euphemismen** handelt es sich um verhüllende, beschönigende Bezeichnungen, die im Hinblick auf tabuisierte oder als unangenehm empfundene Themen verwendet werden. Konventionell kann beispielsweise *Eingriff* anstelle von *Schwangerschaftsabbruch*, *vollschlank* anstelle von *dick*, *freisetzen* anstelle von *entlassen* oder *einschlafen* anstelle von *sterben* benutzt werden. Bei *Eingriff*, *vollschlank* und *freisetzen* handelt es sich um verhüllende Bezeichnungen, die nicht metaphorisch sind. Die Verwendung von *einschlafen* im Sinne von 'sterben' ist dagegen metaphorisch. Euphemistische Bezeichnungen werden in Bezug auf Sterben und Tod häufig verwendet. Aus der Militärsprache ist der Ausdruck *Kollateralschaden* bekannt, womit 'bei einer militärischen Aktion in Kauf genommener schwerer Schaden, bes. der Tod von Zivilisten' (Duden 1) bezeichnet wird. Wegen des verhüllenden Charakters wurde *Kollateralschaden* 1999 zum „Unwort des Jahres" gekürt.

18

Im *Zauberberg* (1924) von Thomas Mann wird am Ende des Romans eine Schlacht im Ersten Weltkrieg beschrieben, durch die der Hauptheld, Hans Castorp, taumelt: In der Beschreibung finden sich neben direkten Formulierungen auch euphemistische, nicht-metaphorische Bezeichnungen wie der *Anblick der Verluste* anstelle von der *Anblick der Leichen* oder *bleiben* anstelle von *tot liegen bleiben*. Im letzten Absatz des Buches wird der Erste Weltkrieg schließlich durch den extrem verhüllenden, fast paradoxen metaphorischen Euphemismus *das arge Tanzvergnügen* charakterisiert:

(58) Fahr wohl – du lebest nun oder bleibest! Deine Aussichten sind schlecht; das arge Tanzvergnügen, worein du gerissen bist, dauert noch manches Sündenjährchen, und wir möchten nicht hoch wetten, daß du davon kommst. (Thomas Mann, *Der Zauberberg*, 1085)

Aufgabe 5: Der Kabarettist Volker Pispers kritisiert in seinem Programm *...bis neulich* (2002), dass Opfer von Terroranschlägen, Kriegen und Epidemien in der Öffentlichkeit unterschiedlich stark wahrgenommen werden, je nachdem, ob es sich um Amerikaner, Europäer oder etwa um Afrikaner handelt. Pispers fasst seine Beobachtungen wie folgt zusammen: „Der Amerikaner ist die Orchidee unter den Menschen [...]. Wir Europäer sind vielleicht noch Gänseblümchen – der Rest, das ist alles Unkraut" (Volker Pispers, *Volkerkunde*, 135). Welche Ausdrücke werden in dem Textabschnitt metaphorisch gebraucht? Erläutern Sie, ob und wenn ja wie mit den verwendeten Metaphern weitere rhetorische Figuren realisiert werden!

Die Beispiele haben gezeigt, dass Metaphern zur Realisierung anderer rhetorischer Übertragungsfiguren genutzt werden können: Ein metaphorisch verwendetes Wort kann ohne Weiteres in der Funktion von Ironie, Hyperbel oder Euphemismus benutzt werden. Natürlich ist aber nicht jeder metaphorische Wortgebrauch ironisch, hyperbolisch oder euphemistisch. Und in vielen Fällen werden Ironie, Hyperbel oder Euphemismus ohne Zuhilfenahme von Metaphern realisiert.

Weiterführende Literatur: Linguistisches Grundwissen zur Metapher vermittelt Abraham (1975); Grundlagen aus kognitionslinguistischer Perspektive erläutert Schwarz-Friesel (2004), siehe dazu auch Croft und Cruse (2004). Die wichtigsten Metapherntheorien stellt Rolf (2005) dar, vgl. auch Ortony (ed.) (^{2}1993) und Haverkamp (Hrsg.) (^{2}1996). Einen ausführlichen rhetorikgeschichtlichen Überblick zur Metapher bietet Eggs (2001a); zur Metonymie s. Eggs (2001b). Die linguistische Analyse der Metonymie zeigt Egg (2004); zum Verhältnis von Metapher und Metonymie siehe Dirven/Pörings (2002). Klassische Bestimmungen rhetorischer Figuren gibt Lausberg (^{4}2008).

2. Metaphern und Wortarten

2.1 Klassifikation nach Wortarten und syntaktischer Realisierung

Metaphorische Äußerungen sind dadurch gekennzeichnet, dass in ihnen mindestens ein Wort metaphorisch gebraucht wird. Welche Wörter kommen dafür in Frage? Prinzipiell können alle **Inhaltswörter** wie Substantive (Nomen), Adjektive und Verben metaphorisch verwendet werden, d. h. alle Wörter mit deskriptiver lexikalischer Bedeutung, mit denen wir auf Gegenstände (im weitesten Sinne) der außersprachlichen Welt referieren können (vgl. Kap 1.1). Aus der Perspektive der Wortarten lässt sich deshalb zwischen **Substantiv-**, **Adjektiv-** und **Verbmetaphern** unterscheiden. Substantivmetaphern sind die auffälligste und am besten untersuchte Metaphernart. In vielen linguistischen Arbeiten zur Metapher werden vor allem Äußerungen der Form *X ist ein Y* diskutiert, in denen das Prädikativnomen metaphorisch gebraucht wird, wie die Verwendung von *Lasagne* in Beispiel (1) zeigt:

(1)　Die Welt ist eine Lasagne. (Juli Zeh, *Spieltrieb*, 297)

Im Sprachgebrauch finden sich aber auch häufig Adjektiv- und Verbmetaphern. Und Substantivmetaphern können auf andere Weise als in Prädikativkonstruktionen vorkommen. Oft werden auch verschiedene Metaphernarten miteinander kombiniert wie in (2):

(2)　Die Pizza / Aus Stunden aßen sie häppchenweise, meist kühl [...]. (Durs Grünbein, *Falten und Fallen*, 97)

In (2) sind das Nomen *Die Pizza*, das Verb *aßen* und das adverbial verwendete Adjektiv *kühl* metaphorisch gebraucht. Sie alle beziehen sich auf die Konzeptkombination STUNDEN ALS PIZZA, die durch die Präpositionalphrase *Aus Stunden* signalisiert wird. Auch das Adverb *häppchenweise* ist als Metapher gebraucht, die auf eine Substantivmetapher der Art 'als Häppchen' zurückgeführt werden kann. Das Beispiel zeigt schon die Vielfältigkeit metaphorischer Sprachverwendung. In diesem Kapitel wollen wir die formalen Möglichkeiten der Metapher anhand von Substantiv-, Adjektiv- und Verbmetaphern aufzeigen.

2.2 Substantivmetaphern

Bevor wir verschiedene Typen von Substantivmetaphern anhand authentischer Beispiele betrachten, können wir die unterschiedlichen Möglichkeiten anhand des Beispiels *die Pizza aus Stunden* aus (2) durchspielen:

(3)   (a) eine/die Stundenpizza
     (b) eine/die Pizza der Stunden
     (c) eine/die Pizza aus Stunden
     (d) die Stunden als Pizza
     (e) die Stunden, eine/die Pizza, ...
     (f) Die Stunden sind eine Pizza.

In (3) finden sich folgende Unterformen der Substantivmetapher: Bei *Stundenpizza* in (a) handelt es sich um eine Kompositummetapher, bei *Pizza der Stunden* in (b) um eine Genitivmetapher, und bei *Pizza aus Stunden* in (c) um eine Präpositionsmetapher. In (d) ist *die Stunden als Pizza* eine „als"-Metapher; in (e) wird mit *die Stunden, eine/die Pizza* eine Appositionsmetapher realisiert.

In (f) findet sich der schon vorgestellte Fall der **substantivischen Prädikativmetaphern**, die allgemein in der Form *X ist ein Y* realisiert werden, wobei der Ausdruck *ein Y* metaphorisch gebraucht wird. Diese Äußerungen werden verstanden im Sinne von KONZEPT$_1$ (= Zielbereich, bezeichnet durch X) IST WIE KONZEPT$_2$ (= Ursprungsbereich, bezeichnet durch *ein Y*) im Hinblick auf bestimmte Eigenschaften (s. Kap. 5.3). Wenn wir die Beispiele (a) bis (e) in (3) betrachten, so ergibt sich dieselbe Interpretation wie für (f), nur die formale Anordnung der Nomen X und Y ist stets unterschiedlich:

(4)   (a) Kompositummetapher: $X+Y$
     (b) Genitivmetapher: $Y\ des/der\ X$
     (c) Präpositionsmetapher: $Y + \text{Präp.} + X$
     (d) „als"-Metapher: $X\ als\ Y$
     (e) Appositionsmetapher: $X,\ (ein)\ Y,\ ...$
     (f) substantivische
         Prädikativmetapher: $X\ ist\ ein\ Y.$

In den Bezeichnungen für die unterschiedlichen Substantivmetaphern wird das formale Prinzip benannt, nach dem das Nomen X, (das den Zielbereich bezeichnet) und das Nomen Y (das den Ursprungsbereich bezeichnet und metaphorisch gebraucht wird) miteinander kombiniert werden.

Bei einer **Kompositummetapher** findet die Kombination der Nomen auf Wortbildungsebene statt: Es handelt sich um N+N-

Komposita, bei denen in der Regel das erste Nomen für den Zielbereich und das zweite für den Ursprungsbereich steht.

(5) Ein Tag ohne Ekstase ist Zeitmüll. (Helmut Krausser, *März. April*, 195)
(6) Für David Bowie oder U2 entwirft er [= Brian Eno] schicke Klanggewänder. (Ralph Geisenhanslüke, Morgens um vier im Studio. POP: Musik für Schlaflose von Brian Eno, *DIE ZEIT* 27, 30.06.2005, 44)
(7) Die Mütter, die Eltern empfinden sich zu Recht als Versager, denn schaut euch ihre Früchte an: lauter Verhaltensgestörte, lauter labile, schwankende, orientierungslose Daseinszapper und -surfer. (Markus Werner, *Am Hang*, 64 f.)

Die Kompositummetapher *Zeitmüll* in (5) wird so gedeutet, dass der Zielbereich ZEIT durch den Ursprungsbereich MÜLL näher charakterisiert wird, in (6) der Zielbereich KLANG mithilfe des Ursprungsbereichs GEWÄNDER. In (7) wird durch die Konzepte ZAPPER und SURFER die Lebensweise (der Zielbereich DASEIN) von Jugendlichen charakterisiert. Das Beispiel (7) zeigt deutlich, dass Kompositummetaphern der Form $X+Y$ nicht immer im Sinne von *X ist ein Y* paraphrasiert werden können, sondern dass spezifische Relationen zwischen Ursprungs- und Zielbereich etabliert werden müssen: *Daseinszapper* und *-surfer* lassen sich z. B. durch die Genitivmetaphern *Zapper* bzw. *Surfer des Daseins* paraphrasieren (s. Skirl 2010).

Die Reihenfolge der kombinierten Nomen muss nicht unbedingt $X+Y$, sondern kann auch $Y+X$ sein wie etwa in *Knautschzonensätze*, wo *Knautschzonen* (selbst ein Kompositum!) auf den Ursprungsbereich verweist, *-sätze* dagegen auf den Zielbereich (s. Bsp. (16) weiter unten).

Kompositummetaphern dürfen nicht verwechselt werden mit Komposita, die in ihrer Gesamtheit metaphorisch gebraucht werden. In (8) bezeichnet das Kompositum *Obdachlosenheim* als ganzes den Ursprungsbereich, mit dessen Hilfe der durch *dieses Tagebuch* bezeichnete Zielbereich näher charakterisiert wird:

(8) Ich bin froh, mich entschlossen zu haben, dieses Tagebuch zu führen. Ein Obdachlosenheim für verwaiste Textstellen. (Helmut Krausser, *Mai. Juni*, 26)

In **Genitivmetaphern** bezeichnet das Nomen im Genitiv (= das Genitivattribut) den Zielbereich und wird wörtlich verstanden, das zweite Nomen (= das Kopfnomen der Nominalphrase) bezeichnet dementsprechend den Ursprungsbereich und wird metaphorisch verstanden:

(9) Die Stalinorgel der Gischt. (Helmut Krausser, *Oktober. November. Dezember*, 443)

(10) Joachim Fest porträtiert sich in seinen Memoiren als letzter Fahrgast auf der im Ozean des 20. Jahrhunderts versinkenden Titanic der Bildungsbürgerlichkeit. (Iris Radisch, *DIE ZEIT* 44, 26.10.2006, 71)

In (9) wird *Gischt* wörtlich verstanden und durch die Metapher *Stalinorgel* charakterisiert. In (10) wird das *20. Jahrhundert* durch die Metapher *Ozean*, die *Bildungsbürgerlichkeit* durch die metaphorische Verwendung von *Titanic* näher erläutert.

Dass auch bei Genitivkonstruktionen in metaphorischen Äußerungen stets die spezifischen Relationen zwischen Ursprungs- und Zielbereich zu beachten sind, zeigt der Vergleich der Beispiele (11) bis (13) (vgl. Plett [9]2001: 109):

(11) Wie soll [...] genügend Nachfrage erzeugt werden, wenn [...] die Bulimie des Kommerzes und die drohende Anorexie des Konsums hoffnungslos auseinander klaffen? (Ludger Lütkehaus, Wir haben genug. Wir brauchen nichts mehr, *DIE ZEIT* 28, 07.07.2005, 36)

(12) [...] jede Reklamearena, jedes Studio ist Müllhalde und Leichenhalle des Überflüssigen zugleich. (Ludger Lütkehaus, *DIE ZEIT* 28, 07.07.2005, 36)

(13) Sie [= die Werbung] ist [...] der ökonomische Engel der Erlösung [...] (Ludger Lütkehaus, *DIE ZEIT* 28, 07.07.2005, 36)

In (11) bezeichnen die Genitivattribute *des Kommerzes* bzw. *des Konsums* die Zielbereiche; die mithilfe der durch *Bulimie* bzw. *Anorexie* bezeichneten Ursprungsbereiche charakterisiert werden. In (12) wird der Zielbereich aber durch *jede Reklamearena, jedes Studio* bezeichnet, das Nomen im Genitiv (*des Überflüssigen*) dagegen vermittelt eine spezifische Information, die explizit macht, in Bezug worauf der Zielbereich REKLAMESTUDIO durch die Ursprungsbereiche MÜLLHALDE und LEICHENHALLE näher erläutert wird. In (13) werden *Engel* und das Genitivattribut *der Erlösung* metaphorisch gebraucht und referieren insgesamt auf den Ursprungsbereich.

Im Falle von **Präpositionsmetaphern** wird eine Nominalphrase (NP) durch eine Präpositionalphrase (PP) erweitert. In vielen Fällen, z. B. bei Verwendung der Präpositionen *aus* (s. etwa *Die Pizza aus Stunden* in (2)) oder *von*, referiert das Nomen der PP auf den Zielbereich und das Kopfnomen der NP auf den Ursprungsbereich, wie (14) und (15) belegen, wo *Wolkenbruch* bzw. *Gefilz* metaphorisch und *Hemmungen und Schwäche* bzw. *Kräfte* wörtlich gebraucht sind:

(14) Ein Wolkenbruch von Hemmungen und Schwäche brach auf ihn nieder. (Gottfried Benn, *Die Reise*, 33)

(15) «Man kann tun, was man will;» sagte sich der Mann ohne Eigenschaften achselzuckend «es kommt in diesem Gefilz von Kräften nicht im geringsten darauf an!» (Robert Musil, *Der Mann ohne Eigenschaften*, 13)

23

Die Zuordnung der Ausdrücke in Präpositionsmetaphern kann aber auch umgedreht sein, z. B. bei Verwendung der Präposition *mit* wie in (16), wo die Nomen der PP (*Eiterbeulen* und *Knautschzonen*) auf die Ursprungsbereiche verweisen, wohingegen das Kopfnomen der NP (*Sätze*) auf den Zielbereich referiert:

(16) Sprache gewordener Formulierungsnotstand. Sätze mit Eiterbeulen und Knautschzonen. (Helmut Krausser, *Oktober. November. Dezember*, 210)

Eine besondere Form stellen „als"-Metaphern dar, bei denen hinter der Konjunktion *als* der metaphorisch gebrauchte, den Ursprungsbereich bezeichnende Ausdruck steht, wie in (17) bis (19) (s. auch *als letzter Fahrgast* in (10) weiter oben):

(17) Wir werden unterhalten, wir unterhalten, die Worte kommen als ein Schwarm. (Roger Willemsen, *Momentum*, 44)

(18) Was sind das für Tage, die als springende Fohlen beginnen [...]? (Durs Grünbein, *Nach den Satiren*, 83)

(19) Als Geisel, so wird man geboren. (Durs Grünbein, *Erklärte Nacht*, 101)

Appositionsmetaphern zeichnen sich im Normalfall dadurch aus, dass das Nomen, welches auf den Ursprungsbereich referiert, dem Nomen, das auf den Zielbereich referiert, als Apposition beigeordnet wird. Dabei kann die Apposition vorangestellt sein, wie *Funken* und *Schlammbad* in (20) bzw. (21):

(20) Sein Funken Kunstverstand / Setzt [...] Bibliotheken in Brand. (Durs Grünbein, *Nach den Satiren*, 45)

(21) Aus dem Schlammbad Familie taucht man spät auf als Idiot. (Durs Grünbein, *Erklärte Nacht*, 75)

Üblicher ist aber die Nachstellung der Apposition, wie sie in (22) bis (24) realisiert ist:

(22) Musik, ein stiller Kanal, zieht sich früh durch sein Leben. (Durs Grünbein, *Sinn und Form* 1, 2004, 104)

(23) Kolibris, kleine ferngesteuerte Helikopter, beträufeln den Rasen (Durs Grünbein, *Nach den Satiren*, 53)

(24) Dort ging Baudelaire [...] und jagte die Phrase, / Den Krankheitserreger, [...]. (Durs Grünbein, *Nach den Satiren*, 87)

Dass nicht unbedingt das metaphorisch verwendete Nomen als Apposition eingesetzt werden muss, lässt sich daran zeigen, dass die in (22) bis (24) realisierten Reihenfolgen problemlos umgetauscht werden können, wie (25) bis (27) belegen. In (28) findet sich ein authentisches Beispiel dafür:

(25) Ein stiller Kanal, (die) Musik, ...

(26) Kleine ferngesteuerte Helikopter, (die) Kolibris, ...

(27) Dort ging Baudelaire und jagte den Krankheitserreger, die Phrase, ...

(28) Hunderten gab man den Stockfisch, die kalte Hand. (Durs Grünbein, *Erklärte Nacht*, 129)

Ein Spezialfall der Substantivmetaphern muss noch erwähnt werden, und zwar der metaphorische Gebrauch von **Eigennamen**. Wenn Eigennamen als Metaphern gebraucht werden, so stehen sie für Eigenschaften der Personen (oder Gegenstände), die sie benennen, wie etwa *Mozart* in (29) für Meisterschaft und *Spinoza* in (30) für Vernunft und Rationalität:

(29) Die Zeitungsredakteure macht er [= Tomás Rosickì, 22] ganz poetisch: »Mozart des Fußballs« [...] nennen sie ihn. (*DIE ZEIT* 5, 23.01.2003, 46)
(30) Ich bin Spinoza, nicht weil ich unter einem Wahn leide, sondern weil ich auf Rationalität bestehe, ich bin Spinoza nicht aus Anmaßung, sondern aus Notwehr. (Robert Menasse, *Die Zerstörung der Welt als Wille und Vorstellung. Frankfurter Poetikvorlesungen*, 33)

Dass auch **Produktnamen** metaphorisch verwendet werden können, zeigen die Verwendung von *Bravo* in (31) und die von *Rolls-Royce* in (32) (wobei in (31) eine sarkastische und in (32) eine ironische Wirkung erzielt wird; vgl. Kap.1.6):

(31) DIE ZEIT – unsere Bravo für Abiturienten. (Volker Pispers, *Volkerkunde*, 133)
(32) Etwa dreimal in der Woche gehe ich mit meinem Gehwagen zum Institut. Margarete und ihr Rolls-Royce, sagen die Kollegen. (Margarete Mitscherlich (89), *Ich habe einen Traum, DIE ZEIT* 35, 24.08.2006, 60)

2.3 Adjektivmetaphern

Durch **Adjektivmetaphern** werden Zielbereichen Eigenschaften zugesprochen, die semantisch gar nicht zu ihnen „passen". Adjektivmetaphern können einerseits prädikativ realisiert werden wie *stumpf* in (33) und *glasklar* und *lupenrein* in (34):

(33) Denn das Unheil ist stumpf [...]. (Durs Grünbein, *Nach den Satiren*, 94)
(34) Natürlich hält Hilary Hahn jedem Vergleich stand, wenn es um die rein geigerische Umsetzung des Soloparts geht. Ihre [...] Artikulation [ist] glasklar, die Intonation lupenrein. (Norbert Hornig, *Fono Forum* 10, 2006, 84)

Adjektivmetaphern können andererseits, und das ist der häufigere Fall, als Attribute Teil von Nominalphrasen sein, deren Kopf den Zielbereich benennt:

(35) Ein Wermutstropfen indes sind die reichlich „verkratzten" Töne der Sopranistin [...]. (Werner Pfister, *Fono Forum* 10, 2006, 81)

In (35) wird der durch *Töne* bezeichnete Zielbereich durch das metaphorisch verwendete Adjektiv *verkratzt* charakterisiert. Die Beispiele (34) und (35) zeigen den für Adjektivmetaphern weit verbreiteten Fall der Synästhesie, bei dem Sinneseindrücke durch Eindrücke aus anderen Bereichen der Sinneswahrnehmung charakterisiert werden (vgl. Kap. 1.3).

In (36) bis (39) finden sich weitere Beispiele für attributiv gebrauchte Adjektivmetaphern:

(36) kalte Traurigkeit (Thomas Mann)
(37) jene blaßblaue, glasklare Traurigkeit (Kathrin Schmidt)
(38) eine trockene, unverwüstliche Verzweiflung (Iris Radisch)
(39) diese wurmstichigen Regieeinfälle (Hans Mentz)

In (36) bis (38) werden Gefühle durch konkretisierende Adjektive metaphorisch charakterisiert, in (39) sind es Ideen.

2.4 Verbmetaphern

Im Falle von **Verbmetaphern** wird ein Geschehen, ein Vorgang oder ein Zustand mithilfe eines Verbs charakterisiert, das wörtlich verstanden einen inhaltlichen Widerspruch erzeugen würde (s. dazu ausführlich Kap 5.2).

(40) Man versucht sich zu erinnern, spricht mit seinem Gehirn, würfelt seine Gedanken durcheinander, und plötzlich entstehen die besten Ideen. (Margarete Mitscherlich (89), *DIE ZEIT* 35, 24.08.2006, 60)
(41) Aus jeder Einsamkeit sickert Zeit. (Durs Grünbein, *Nach den Satiren*, 82)

In (40) bezieht sich die metaphorisch verwendete Verbform *würfelt durcheinander* auf *Gedanken*, womit abstrakte Entitäten bezeichnet sind, die nicht wie konkrete Entitäten durcheinander gewürfelt werden können. In (41) wird *sickert* metaphorisch gebraucht und bezieht sich auf die Zeit und nicht, wie bei wörtlichem Gebrauch, auf Flüssigkeiten.

Über Verbmetaphern werden oft **Personifikationen** ausgedrückt, wenn nämlich das Verb menschliche Handlungsweisen bezeichnet, aber Argumentspezifikationen durch Ausdrücke realisiert werden, die nicht auf menschliche Entitäten referieren, wie etwa *Reklame* und *Waren* in (42) und *Notebook* in (43):

(42) Vor allem geht sie [= die Reklame] mit der menschlichen Triebnatur ins Bett. […] Aber noch der potenteste Konsument kann nicht mit so vielen Waren schlafen, wie die Reklame für ihn anschleppt. (Ludger Lütkehaus, Wir haben genug. Wir brauchen nichts mehr, *DIE ZEIT* 28, 07.07.2005, 36)

(43) Das alte Notebook spinnt. Es war mir so lange treu. Jetzt muß ich Angst haben, daß es jeden Moment durchdreht, meinen frischen Text zerstört. (Helmut Krausser, *März. April*, 212 f.)

Aufgabe 1: Welche verschiedenen Formen von metaphorischem Sprachgebrauch finden sich in den folgenden Beispielen?:
(1) Durch die Nacht des Schlafes fliegen schimmernde Insekten von Gedanken und Träumen. (Jean Paul, *Ideen-Gewimmel*, 105) […]
(2) Ich möchte […] meine noch kokonisierten Gedichte mal zu Schmetterligen werden lassen. (Peter Rühmkorf, *DIE ZEIT* 22, 25.05.2005, 47)
(3) Die ersten Worte, erbeutet als Talisman, / Klebten lange am Gaumen, Nougat und Kieselstein. (Durs Grünbein, *Erklärte Nacht*, 125)

Weiterführende Literatur: Eine Übersicht gibt auch Plett ([9]2001: 106–109). Goatly ([2]2011: 80–106) stellt für das Englische Metaphern in Bezug auf Wortarten sowie auf verschiedene Wortbildungsformen dar. Er geht auch auf metaphorisch motivierte Bedeutungen von Präpositionen im Lexikon ein. Siehe zu Kompositummetaphern ausführlich Skirl (2010).

27

3. Konventionelle und neue Metaphern

3.1 Lexikalisierte Metaphern

Metaphern lassen sich stets hinsichtlich ihrer Neuartigkeit bzw. Gebräuchlichkeit charakterisieren. Man kann zunächst zwischen lexikalisierten Metaphern und neuen Metaphern unterscheiden. Während neue Metaphern im Sprachgebrauch kreativ und innovativ ad hoc gebildet werden, gehören lexikalisierte Metaphern zur konventionellen Sprachverwendung und sind – der Terminus 'lexikalisiert' besagt es – im Lexikon der Sprache bereits gespeichert (s. dazu ausführlich Kap. 4).

Eine **tote Metapher** kann gegenwartssprachlich nicht als Metapher erkannt werden, da das Lexem nicht mehr in der ursprünglichen Bedeutung verwendet wird, von der sich die metaphorische Verwendung herleitete. Ein eindrückliches Beispiel hierfür ist *Zweck*: Ohne sprachgeschichtliches Wissen ist es nicht möglich, in diesem Wort eine ehemalige Metapher zu erkennen. Dornseiff (1955: 142) gibt die Bedeutungsgeschichte von *Zweck* folgendermaßen wieder:

ursprünglich soviel wie „zugeschnitzter Pflock", so noch bekannt in *Schuhzweck(e)* für die Holznägel des Schusters, *Reißwecke*, bezeichnete es später den Mittelpunkt der Zielscheibe, eigentlich den in ihn geschlagenen Pflock, erscheint hierauf überhaupt für „Ziel" und wurde von dem Schießen nach der Mitte der Scheibe auf die jetzt gebräuchliche unsinnige Bedeutung übertragen (vgl. *verzwicken*). Luther: „Meine Lehre ist der Zweck von Gott gesteckt, zu dem muß alles schießen."

Man kann in *Zweck* synchron keine lexikalisierte Metapher erkennen, weil *Zweck* heute nur noch in der ehemals übertragenen Bedeutung gebräuchlich ist, seine einstige Grundbedeutung 'örtliches Ziel', die den Ausgangspunkt der metaphorischen Übertragung bildete, aber verloren hat. Zu Zeiten Luthers waren, wie das Zitat belegt, noch beide Bedeutungsvarianten in Gebrauch.

Dass *Zweck* eine tote Metapher ist, heißt aber nicht, dass auch die zugrunde liegende Konzeptkombination BEABSICHTIGTES HANDLUNGSRESULTAT ALS ÖRTLICHER PUNKT nicht mehr geläufig ist. Sie ist – wie viele andere Konzeptkombinationen, auf denen lexikalisierte Metaphern basieren (s. Lakoff/Johnson 1980) – fest in unserem konzeptuellen Gedächtnis verankert und lässt sich anhand des „lebenden" Pendants zu *Zweck*, dem Lexem *Ziel* nachweisen. *Ziel* ist eine **konventionalisierte, lexikalisierte Metapher**, weil das Wort aus gegenwartssprachlicher Sicht noch als Metapher erkannt werden kann, da es weiterhin auch in seinen ursprünglichen Bedeutungen (1) und (2) gebraucht wird, von denen sich die metaphorische Bedeutung (3) herleitete (DUW):

(1) 'Punkt, Ort, bis zu dem jmd. kommen will, den jmd. erreichen will'
(2) 'etw., was beim Schießen, Werfen o. Ä. [...] getroffen werden soll'
(3) 'etw., worauf jmds. Handeln, Tun o. Ä. ganz bewusst gerichtet ist [...]'

Lexikalisierte Metaphern sind den Angehörigen einer Sprachgemeinschaft im Sprachgebrauch meist nicht als metaphorisch motivierte Bezeichnungen bewusst. Denn die metaphorische Bedeutung ist längst zu einer konventionellen Bedeutung geworden, die gleichberechtigt zum Lexikoneintrag gehört. Die metaphorische Motiviertheit kann in spezifischen Kontexten ins Bewusstsein gerückt werden, so dass eine **Remetaphorisierung** (oder auch **Remotivierung**) erzeugt wird. Ein humoristisches Beispiel bietet folgender Auszug aus Heinz Erhardts *Rede über die Rede*:

(4) Nun beginnt man im Laufe der Rede Worte zu *verlieren*. Dadurch fehlen sie einem bald. Deshalb muß man schleunigst nach neuen Worten *suchen*, bis man welche *gefunden* hat. Hat man endlich wieder Worte *gefunden*, gehen sie einem aufs neue *verloren*, und man muß wieder nach Worten *suchen* usw. usw. Ein ewiges Verlieren, Suchen und Finden ist so eine Rede und leider steht ihre Länge meist in keinem Verhältnis zu der Länge ihrer Gedanken! (*Das große Heinz-Erhardt-Buch*, 198)

Ein Übergangsphänomen zwischen toten und konventionalisierten Metaphern sind solche Metaphern, die gegenwartssprachlich zwar noch als Metaphern erkannt werden können, bei denen aber ohne sprachgeschichtliches Spezialwissen nicht ersichtlich ist, wie sich die metaphorische Verwendung herleitete, wie z. B. bei *roter Faden* im Sinne von 'Leitmotiv' (s. die Erläuterung in Kap. 4.4).

Im Übergangsbereich von lexikalisierten und neuen Metaphern sind **klischeehafte Metaphern** angesiedelt, die zwar noch als metaphorisch wahrgenommen werden, aber bereits in hohem Maße konventionalisiert sind. Solche Metaphern, wie etwa *das Feuer der Liebe*, wirken oft abgegriffen und stereotyp.

3.2   Kreative und innovative Metaphern

Neuartige Metaphern werden von den Sprachproduzenten intentional erzeugt und von den Sprachrezipienten in der Regel bewusst als

Fälle von metaphorischem Sprachgebrauch wahrgenommen. In Bezug auf die Neuartigkeit lassen sich zwei verschiedene Gruppen unterscheiden:

- **kreative Metaphern**, die auf bekannte konzeptuelle Kombinationen (wie z. B. GELD ALS WASSER) verweisen, die sich in lexikalisierten Metaphern nachweisen lassen (wie z. B. *Geldquelle*, s. Kap. 4.3) und diese entweder erweitern oder zumindest mit unkonventionellen lexikalischen Mitteln benennen (wie z. B. *Geldbächlein*) und

- **innovative Metaphern**, die sich nicht auf bereits bekannte Konzeptualisierungen zurückführen lassen, sondern neue Konzeptkopplungen etablieren (wie z. B. *Geldhaar* oder *Finanzfussel*).

Wir bezeichnen die erste Gruppe als kreative Metaphern, weil sie von bereits bestehenden Konzeptmustern kreativen Gebrauch machen und die zweite Gruppe als innovative Metaphern, weil sie gänzlich neue Konzeptualisierungen ausdrücken.

Im alltäglichen Sprachgebrauch finden sich sehr häufig kreative Metaphern: Sie sind einerseits aufgrund ihrer Neuartigkeit auffällig und ausdrucksstark, andererseits sind sie durch ihren Bezug auf allgemein etablierte Konzeptmuster und deren lexikalisierte sprachliche Manifestationen leicht zu verstehen.

Die bekannte Konzeptkombination GELD ALS WASSER wird z. B. in (5) kreativ erweitert. In (6) wird die Konzeptualisierung GEDÄCHTNIS ALS PRÄGEPLATTE, die in lexikalisierten Metaphern wie etwa *sich einprägen* im Sinne von 'so eindringlich ins Bewusstsein bringen, dass es nicht vergessen wird' (DUW) nachweisbar ist, kreativ genutzt, indem sie durch ein verwandtes, aber nicht konventionell in diesem Sinne gebrauchtes Lexem sprachlich manifestiert wird:

(5) Die Gesetze kamen Schlag auf Schlag: Ausbau der Kindergärten, Einführung von Ganztagsschulen. Abschaffung der Ehegattinnensubvention durch Steuer oder Witwenrenten. Befreit vom Geldfluss, der Frauen so gern zurück ins Heim spült, drängten sie nun auf den Arbeitsmarkt. Und eine andere Gesellschaft entstand. (Susanne Mayer, Im Land der weiblichen Männer [= Schweden], *DIE ZEIT* 21, 19.05.2005, 8)

(6) Bilder, die sich bestimmt auf Jahrzehnte in die Erinnerung stanzen. (Helmut Krausser, *März. April*, 328)

Eine kreative Erweiterung für die Metapher *Einheitsbrei* bzw. für das metaphorische Idiom *schlafende Hunde wecken* (s. Kap. 4.4) finden sich in (7) bzw. (8):

30

(7) »Nein, in den Einheitsbrei neoliberaler Politik werden wir unseren Löffel nicht stecken.« Lothar Bisky, PDS-Vorsitzender, auf die Frage nach einer Koalition mit der SPD (Worte der Woche, *DIE ZEIT* 30, 21.07.2005, 2)

(8) Im kollektiven Gedächtnis der jeweiligen SPD-Führungen jedenfalls ist die Grundsatzdebatte als schlafender Hund eingeschrieben. Und wenn, man den schon wecken muss, dann darf er nur an der kurzen Leine der Vorsitzenden im Zwinger der Kommissionen herumgeführt werden. (Tina Hildebrandt, Bernd Ulrich, [...] Der SPD-Vorsitzende Matthias Platzeck in seiner ersten Krise, *DIE ZEIT* 8, 16.02.2006, 4)

In den beiden Beispielen werden Entitäten wie Löffel in (7) und Zwinger in (8) angeführt, die zwar zu den ausgedrückten Konzeptkombinationen passen, normalerweise aber für die Konzeptualisierung keine Rolle spielen (vgl. Lakoff/Johnson 1980: 53). In (8) besteht die Kreativität auch in der Verbindung von *schlafender Hund* mit *an der kurzen Leine*, da es sich auch bei dem letztgenannten komplexen Ausdruck um eine lexikalisierte Metapher, ein Idiom handelt.

Die gängige Konzeptualisierung der WELT ALS NARRENHAUS wird in (9) explizit benannt, bevor sie durch kreative Metaphern veranschaulicht wird:

(9) Die Welt ist oft mit einem Narrenhaus verglichen worden. [...] Wo wir hinsehen, finden wir die charakteristischen Kennzeichen eines Tollhauses; überall rennen wir gegen verschlossene Türen, überall erblicken wir vergitterte Fenster und drohend geschwungene Peitschen eines Aufsehers, wenn wir etwas zu unternehmen trachten, was gegen die Hausordnung verstößt. (Otto von Corvin)

Durch **innovative Metaphern** werden, im Gegensatz zu kreativen Metaphern, ungewöhnliche Konzeptkombinationen ausgedrückt, die sich nicht auf allgemein bekannte konzeptuelle Muster zurückführen lassen:

(10) Die Jungen glauben, daß die Jugend eine Bestimmung sei, wo sie doch nur eine Haltestelle in der Provinz ist. (Nicolás Gómez Dávila, *Einsamkeiten*, 118)

(11) Das Fett ist sein erster Sarg. (Jean Paul, *Ideen-Gewimmel*, 96)

(12) Fernsehn und Muskelntrimmen – / So schiebt man die Zeit, den glitschigen Ball, vor sich her. (Durs Grünbein, *Erklärte Nacht*, 112)

(13) Die Trauer: ein Appetit, den kein Unglück sättigt. (E. M. Cioran, *Syllogismen der Bitterkeit*, 35)

Die durch die innovativen Metaphern ausgedrückten nicht-konventionellen Konzeptkombinationen in (10) bis (13) sind: JUGEND ALS PROVINZHALTESTELLE in (10), FETT ALS SARG in (11), ZEIT ALS GLITSCHIGER BALL in (12) und TRAUER ALS APPETIT in (13).

Die in (10) bis (13) sprachlich manifestierten Konzeptkopplungen sind innovativ, weil und wenn sie sich nicht als Grundlage der Motivierung von bereits lexikalisierten Metaphern oder anhand von Beispielen aus dem heutigen Sprachgebrauch nachweisen lassen. Im Einzelfall ist aber oft schwer zu entscheiden, ob tatsächlich eine innovative Metapher vorliegt oder nicht. Die Ursache dafür liegt vor allem darin, dass wir als Sprachteilnehmer nur über ein begrenztes, ausschnitthaftes Wissen über den Sprachgebrauch und seine Geschichte verfügen, das zur Beurteilung der Innovativität einer Metapher nicht ausreicht. Wir können aber stets sagen, ob eine Metapher für uns subjektiv, vor dem Hintergrund unseres individuellen Wissens, innovativ ist. Der Schriftsteller Peter Rühmkorf begrüßte so beispielsweise die metaphorische Charakterisierung von Investment-Geschäftsleuten als *Heuschrecken*, die vom damaligen SPD-Vorsitzenden Franz Müntefering im Frühjahr 2005 in die politische Debatte eingeführt wurde:

(14) Raubtierkapitalismus – daran hatte man sich schon gewöhnt. Das ging einem leicht über die Lippen.»Heuschreckenplage« – das war mir aus der Seele gesprochen. Neue Metaphern für diesen neuen kapitalistischen Arbeitsplatzvernichtungsfeldzug. (Peter Rühmkorf im Interview, *DIE ZEIT* 22, 25.05.2005, 47)

Das Zitat zeigt, dass sich Rühmkorf der Geschichte dieser Metapher anscheinend nicht bewusst war. Der Historiker Michael Wolffsohn kritisierte die *Heuschrecken*-Metapher dagegen scharf als unmenschlich und verachtend. Er wies darauf hin, dass diese Metapher traditionell zur antisemitischen U.ngeziefer-Metaphorik gehört, durch die Juden als schädliche Tiere dargestellt werden (vgl. Schwarz-Friesel [2]2013: Kap. 11).

Rühmkorf verwendete in dem zitierten Interview selbst eine neuartige Metapher, mit der die Konzeptkombination KAPITALISMUS ALS TSUNAMI ausgedrückt wird:

(15) Mit einer bestimmten Sorte Kapital ist kein Frieden zu schließen. Es ist ja nicht mehr der alte Kapitalismus, mit dem man sich auseinander setzt. Es ist ja ein Tsunami, mit dem man zu tun hat. (Peter Rühmkorf im Interview, *DIE ZEIT* 22, 25.05.2005, 47)

Bei diesem Beispiel handelt es sich aber nicht um eine innovative, sondern lediglich um eine kreative Metapher. Sie ist insofern neu, als Tsunamis überhaupt erst durch die verheerende Katastrophe zu Weihnachten 2005 ins Bewusstsein der Öffentlichkeit gerückt sind. Die metaphorische Charakterisierung von bedrohlichen Entwicklungen als Naturkatastrophe, z. B. als Flut bzw. Sintflut hat aber eine lange Tradition, weshalb das *Tsunami*-Beispiel als sprachlich kreative Manifestation der konventionell etablierten Konzeptualisierung BEDROHUNG/ZERSTÖRUNG ALS ÜBERSCHWEMMUNG zu bewerten ist.

Wirklich schwierig ist demgegenüber häufig die Beurteilung der Innovativität von Metaphern in literarischen Texten. Diese enthalten in ihrer Metaphorik sehr oft weit reichende intertextuelle Anspielungen, die nur über spezielles literarhistorisches und geistesgeschichtliches Wissen erschlossen werden können. Selbst Experten irren sich deshalb manchmal in ihren Beurteilungen. So kritisiert Radtke (2001: 55) die Behauptung eines Literaturwissenschaftlers, „dass niemand vor Hofmannsthal den menschlichen Geist als Taubenschlag bezeichnete" mit dem Hinweis: „Dies ist *de facto* falsch, denn bereits in Platons *Theaitetos* ist diese Metapher anzutreffen".

Aufgabe 1: Bestimmen Sie für folgende Beispiele, welche Metaphern sie enthalten und um welche Metaphernart es sich hinsichtlich ihrer Konventionalität bzw. Neuartigkeit handelt:

(1) Westerwelle [...] rückte auch nicht von seiner Kritik am Altkanzler ab: „Seine Seitenwechsel nach der Bundestagswahl sind unappetitlich und fragwürdig. Wer wie Schröder sein Leben lang politisch geholzt hat, kann nicht plötzlich für sich selbst Naturschutz verlangen." (www.sueddeutsche.de, 20.03.06)

(2) Tulpen hingegen haßt sie [= die Mutter].»Das sind Asylanten, die aus ihrer eigenen Zwiebel leben. Sie bekommen bei mir keine Aufenthaltsgenehmigung.« (Henning Boëtius, *Das Rubinhalsband*, 46)

(3) Das Feuer der Liebe läst Brandstätten zurük. (Jean Paul, *Ideen-Gewimmel*, 248)

(4) Auf die Höhe des Spielens und des Schreibens gelangt der Künstler nicht nur durch das Handwerk, sondern auch über beider gemeinsames Basislager: das Nachdenken. Als Pianist wie als Autor strebt Brendel, der sich das Arbeiten gern schwer macht, nach der spirituellen Bewältigung des Gesamtmassivs. Noten sind bloß Klettersteige, das Gedachte liegt neben, über, unter und hinter ihnen. (Wolfram Goertz, [...] Ein Großpianist als Musikschriftsteller: [...] Alfred Brendel, *DIE ZEIT* 42, 13.10.2005, 82)

Weiterführende Literatur: Der Zusammenhang von konventionellen und kreativen Metaphern wird ausführlich von Lakoff und Johnson (1980) und Lakoff und Turner (1989) behandelt, siehe dazu auch Goatly (²2011). Beckmann (2001) bespricht theoretisch und am Beispiel des Lexems *Datenautobahn* Lexikalisierungsprozesse. Zu innovativen Metaphern siehe auch Weinrichs Aufsatz in Haverkamp (²1996). Beispiele für konventionelle und kreative Metaphern des Konzeptes LIEBE erörtert Schwarz-Friesel (²2013: Kap. 9.4).

4. Metaphern im Lexikon

Die Sprache ist eine Sammlung erblasseter
Metaphern. (Jean Paul)

4.1 Gefüllte lexikalische Lücken

Das Lexikon einer Sprache enthält viele Lexeme, die zusätzlich zur wörtlichen Bedeutung metaphorisch motivierte Bedeutungsvarianten aufweisen (s. Kap. 3.1). So bezeichnet das Lexem *Maus* z. B. einerseits ein kleines Nagetier, andererseits aber auch ein bestimmtes, an einen Computer angeschlossenes Gerät. Die Bezeichnung für das Computergerät ist perzeptuell motiviert: Die Maus des Computers erinnert in ihrer Gestalt an das gleichnamige Tier.

Durch metaphorische Bezeichnungen können **lexikalische Lücken** gefüllt werden: Eine lexikalische Lücke liegt vor, wenn es für einen Gegenstand oder ein Konzept im Lexikon einer Sprache (noch) keinen Eintrag gibt: Im Deutschen existiert z. B. kein Lexem, welches das Konzept NICHT-MEHR-DURSTIG-SEIN bezeichnet (s. Schwarz/Chur [5]2007: 26, 59). Eine metaphorische Bezeichnung, durch die eine lexikalische Lücke gefüllt wurde, heißt in der Rhetorik (in einer Bedeutung des Wortes, vgl. Kap. 4.4) auch **Katachrese**. Solche notwendigen Metaphern sind etwa *Stuhl-* und *Tischbein, Flussarm* und *-bett, Fuß* (des Berges, des Denkmals, der Lampe etc.), *Buchrücken, Flaschenhals, Glühbirne* usw. Die Notwendigkeit, lexikalische Lücken zu füllen, ergibt sich z. B., wenn neue technische Gegenstände erfunden werden, da sie selbst und ihre Teile benannt werden müssen. Wenn die metaphorischen Bezeichnungen von der Sprachgemeinschaft akzeptiert, d. h. allgemein üblich werden, so führt dieser Prozess der Konventionalisierung zur Aufnahme des Wortes bzw. der Bedeutungsvariante in das Lexikon einer Sprache. Man spricht deshalb auch von **Lexikalisierung**. Für spezielle Teile des Autos sind etwa Wörter wie *Kotflügel, Motorhaube* oder *Himmel* ins Lexikon aufgenommen worden. Bei *Kotflügel* und *Motorhaube* handelt es sich um Komposita, deren Grundwörter, *Flügel* und *Haube* in metaphorisch motivierter Bedeutung zur Gesamtbedeutung beitragen. Die metaphorisch motivierte Bedeutungsvariante des Lexems *Himmel* bezeichnet die 'innere Bespannung des Verdecks im Auto' (DUW).

Ein Indiz für die Lexikalisierung eines Wortes ist z. B. seine Aufnahme in die Wörterbücher einer Sprache. Jede neue Ausgabe der Duden-Rechtschreibung (Duden 1) enthält beispielsweise mehrere tausend neue Einträge, unter denen auch metaphorisch motivierte Bezeichnungen sind: So wurde 1996 z. B. das Lexem *Datenautobahn* in den Duden aufgenommen (vgl. Beckmann 2001). Schon länger im Duden aufgeführt ist etwa *Spagatprofessor*, das umgangssprachlich scherzhaft für 'Professor, dessen Universitäts- u. Wohnort weit auseinanderliegen' (Duden 1) steht.

Aufgabe 1: Schlagen Sie in neueren und neuesten Wörterbüchern des Deutschen die Lexeme *Sandwichbauweise, Sandwichkind, Sandwichmann, Sandwichmontage* und *Sandwichtechnik* nach. Konnten Sie alle Lexeme in jedem Wörterbuch finden? Welche Bedeutung haben die Bezeichnungen und inwiefern sind sie perzeptuell oder konzeptuell motiviert? Zusatzaufgabe: Prüfen Sie in einem einschlägigen englischsprachigen Wörterbuch, welche Einträge Sie für *Sandwich* finden! Welche Unterschiede stellen Sie fest? Finden Sie heraus, bei welchen der deutschen Bezeichnungen es sich um Übersetzungen der metaphorisch motivierten Bezeichnungen aus dem Englischen handelt!

Bei manchen Lexemen findet sich eine große Anzahl an metaphorisch motivierten Bedeutungsvarianten. Die Mehrdeutigkeit von Lexemen wird allgemein als **Polysemie** bezeichnet. Mithilfe des polysemen Lexems *Flügel* (das in seiner Ursprungsbedeutung den Körperteil benennt, der Vögel und Insekten zum Fliegen befähigt) kann man z. B. so unterschiedliche Dinge bezeichnen wie die Tragfläche eines Flugzeugs, den seitlichen Teil eines Gebäudes, eines Altars oder Fensters, den einer Armee oder einer Fußballmannschaft oder auch ein Tasteninstrument. Des Weiteren kann *Flügel* auch eine Gruppierung innerhalb einer politischen Partei bezeichnen, worauf sich auch das Kompositum *Flügelkampf* bezieht. *Flügel* ist in metaphorisch motivierter Bedeutung Bestandteil vieler weiterer Komposita, z. B. im schon erwähnten *Kotflügel* oder auch in:

(1)   Windmühlenflügel, Lungen- und Nasenflügel, Flügelaltar, Flügelfenster, Flügeltür, Flügelärmel, Flügelhaube, Flügelmann, Flügelmesser, Flügelmutter/-schraube, Flügelrad, Flügelstürmer usw.

Die Motivation für diese Bezeichnungen besteht in der Ähnlichkeit der Gestalt oder Anordnung zwischen dem Flügel eines Vogels und dem metaphorisch bezeichneten Gegenstand. Der gesamte Bereich der Bezeichnungen für Körperteile von Menschen und Tieren wird von jeher äußerst produktiv genutzt, um Teile von anderen Gegenständen zu bezeichnen. Hermann Paul hat schon 1880 in seinen *Prinzipien der Sprachgeschichte* (1880: 95 f.) folgende Ähnlichkeitsbeziehungen unterschieden, die die metaphorischen Benennungen motivieren:

- „Ähnlichkeit in der äußeren Gestalt", z. B. „*Kopf* (von Kohl oder Salat)", „*Nase* (eines Berges)", „*Ader* (in Pflanzen, im Gestein)", „*Kelch* (einer Blume)"
- „Ähnlichkeit der Gestalt" und (oder) „der Umstand [...], dass etwas als Teil eines grösseren Ganzen in seiner Lage dem Teile eines anderen Ganzen entspricht", z. B. „*Kopf* (*Kehlkopf, Mohnk., Säulenk., Brückenk., Nadelk., Nagelk.* [...]), *Hals* (einer Flasche, einer Säule, eines Saiteninstrumentes), *Bauch* (einer Flasche), *Rücken* (eines Buches, eines Messers, eines Berges), *Arm* (eines Wegweisers, eines Flusses)"
- „Ähnlichkeit der Gestalt" und „Gleichheit der Funktion", z. B. „*Feder* = *Stahlfeder, Horn* (als Blasinstrument, wenn auch aus Metall verfertigt)"
- „Ähnlichkeit der Lage innerhalb eines Ganzen" und „Ähnlichkeit der Funktion", z. B. „*Fuss* (eines Tisches, Stuhles, u. dergl., eines Berges)"
- „Ähnlichkeit in der Funktion", z. B. „*Haupt* (einer Familie, eines Stammes, einer Verschwörung u. dergl. [...])"

Unter dem Aspekt der Sprachökonomie sind solche Benennungen für das Lexikon einer Sprache sehr vorteilhaft, weil nicht gänzlich neue Wörter aufgenommen werden müssen, sondern entweder das Bedeutungsspektrum polysemer Wörter (wie *Flügel*) um eine neue Variante erweitert wird oder aus bereits vorhandenen Lexemen neue Komposita (wie *Flügelmann*) gebildet werden.

4.2 Systematische Beziehungen lexikalisierter Metaphern

Die Produktivität, mit der Bezeichnungen von Körperteilen auf andere konzeptuelle Bereiche angewendet werden, um lexikalische Lücken zu füllen, zeigt bereits, dass bestimmte konzeptuelle Verbindungen immer wieder für neue Bezeichnungen herangezogen werden.

Lexikalisierte Metaphern stehen häufig in systematischen Zusammenhängen. In Kap. 1.3 hatten wir schon gezeigt, dass bei metaphorischem Sprachgebrauch meist schwer fassbare Konzepte mit Hilfe direkter erfahrbarer Konzepte charakterisiert werden. Diese allgemeine Tendenz lässt sich auch an den lexikalisierten Metaphern nachweisen. Ganze konzeptuelle Bereiche, die abstrakt oder zumindest schwer zugänglich sind, werden mit Lexemen aus den Bereichen der grundlegenden Erfahrungen des Menschen beschrieben, z. B. die Erfahrung des dreidimensionalen Raumes, die des

Umgangs mit verschiedensten Objekten, die des Sehens, Hörens, Riechens, Schmeckens, Tastens, Temperaturempfindens, die der Körperfunktionen usw. Das Konzept VERSTEHEN wird u. a. über das Konzept SEHEN erfasst, was sich in zahlreichen lexikalisierten Metaphern widerspiegelt, etwa in:

(2) sehen, Sicht(weise); ansehen, Ansicht, einsehen, Einsicht; erkennen, Erkenntnis; betrachten, Betrachtung; durchschauen, durchblicken, Durchblick; überblicken, Überblick; anschaulich, Anschauung etc.

Die Erkenntnis, dass sich in lexikalisierten Metaphern systematische Kopplungen zwischen unterschiedlichen Bereichen unserer Erfahrung widerspiegeln, findet sich bereits in Hermann Pauls *Prinzipien der Sprachgeschichte* (1880). Paul hat z. B. gezeigt, wie produktiv der Bereich der räumlicher Dimensionen und Vorgänge herangezogen wird für die Beschreibung schwer zugänglicher Bereiche wie Zeit, Intensität oder innerer Wahrnehmung. Folgende Übersichtsdarstellung (Paul 1880: 96 f.) zeigt, wie allgegenwärtig lexikalisierte Metaphern sind, die sich in ihrer ursprünglichen Bedeutung auf räumliche Wahrnehmung beziehen:

- „Analogie zwischen räumlicher und zeitlicher Erstreckung" als Grundprinzip der „Übertragung der für die räumliche Anschauung geschaffenen Ausdrücke, soweit dabei nur eine Dimension in Betracht kommt, auf zeitliche Verhältnisse", z. B. *lang, kurz, gross, klein, Mass, Teil, Hälfte* etc., *Ende, Grenze, Zeitraum, Zeitpunkt, Zeitabschnitt, Mal* (ursprünglich „sich abhebender Fleck"); die Präp. *in, an, zu, bis, durch, über, um, von, ausser, ausserhalb, innerhalb* etc.", dgl. Übertragung der „Ausdrücke für Bewegungen auf die Zeit", z. B. „*die Zeit geht dahin, vergeht, kommt, im Laufe der Zeit, Zeitläufte*: ferner *folgen, reichen, sich ausdehnen, sich erstrecken* etc."
- Übertragung der „Raumverhältnisse" auf „Intensität", „Wertschätzung", Ton, z. B. „*grosse Hitze, Kälte* etc., *ein hoher Grad, die Hitze, Begeisterung steigt*"; „*die Preise steigen, fallen, sinken, er steigt, sinkt in meiner Achtung* u. dergl."; [in Bezug auf Töne] „*hoch, tief, steigen, fallen, sinken*"
- Übertragung der „Verhältnisse und Vorgänge im Raume [...] auf das Gebiet des Unräumlichen": „So wird alles Seelische als in unserm Innern ruhend oder sich bewegend vorgestellt, entweder in bestimmte Teile des Körpers verlegt oder in die Seele hinein, der dann Attribute des Raumes beigelegt werden", z. B. „*ein Gedanke geht mir Kopfe herum*", „*das will mir nicht in den Kopf*", „*das liegt mir am Herzen*", „*das kommt mir nicht in den Sinn*"; „*fassen, erfassen, auffassen, begreifen* [...]"; „*Vorstellungen verbinden, verknüpfen sich*", „*seine Aufmerksamkeit* [...] *worauf richten, auf etwas verfallen, sich vornehmen, vorstellen*", „*abstossen, Anstoss, drängen, rühren, regen, bewegen, erwägen, leiten, führen*"; „*in Gedanken* (versunken, vertieft, verloren), *im Rausch, im Zorn, aus Rache, aus Bosheit, durch Besonnenheit*"; „*vom Schlaf zum Wachen, vom Hass zur Liebe übergehen, die Krankheit wendet sich zum Besseren*"

Zu Beginn der 1930er Jahre wurden „sinnmäßig zusammenhängende Gruppen von Wörtern [...], die sich in metaphorischer Expansion auf andere Seinsbereiche ausdehnen" (Jost Trier, zit. n. Liebert 2002: 771) unter dem Begriff der **Bildfelder** erörtert. Die Bildfeldtheorie wurde Ende der 1950er Jahre von Harald Weinrich fortgeführt und wird heute unter kognitiver Perspektive weiterentwickelt (s. Liebert 2002, Peil 2002).

Im angelsächsischen Raum haben George Lakoff und Mark Johnson in *Metaphors we live by* (1980) ausführlich die systematischen Kopplungen von konzeptuellen Bereichen beschrieben, die sich in lexikalisierten Metaphern nachweisen lassen. Wir hatten in Kap. 1.3 bereits dargestellt, dass Lakoff und Johnson solche Kopplungen als konzeptuelle Metaphern bezeichnen. Liebert (1992) und Baldauf (1997) haben auf der Grundlage der Theorie von Lakoff und Johnson konzeptuelle Metaphern untersucht, die sich im Deutschen nachweisen lassen.

Baldauf (1997: 83 f.) hat dabei, ausgehend von Ansätzen in Lakoff/Johnson (1980) und anhand der Auswertung empirischer Daten, eine Klassifikation der Alltagsmetaphern vorgeschlagen, in der vier unterschiedliche Arten von Verbindungen konzeptueller Bereiche (= konzeptuelle Metaphern) unterschieden werden:

1. **Attributsmetaphern**: Projektion von aus unmittelbarer, physischer Wahrnehmung hervorgehenden, wertenden Eigenschaften auf Personen, Objekte oder Sachverhalte, um auf äußerst abstrakte Eigenschaften dieser Personen, Objekte oder Sachverhalte Bezug nehmen zu können. Bsp.: MANGEL AN EMOTIONEN IST KÄLTE (*gefühlskalt, unterkühlt, frigid*)
2. **ontologische Metaphern**: Abstrakte Bereiche werden als Objekt bzw. Substanz konzeptualisiert. Bsp.: ABSTRAKTA SIND DINGE (*eine Reihe von Fragen, an einer Meinung festhalten, Maßnahmen ergreifen, etwas in den Griff bekommen*)
3. **bildschematische Metaphern**: Projektion gestalthafter, bildschematischer Struktur in abstrakte Bereiche. Bsp.: EMOTIONEN SIND BEHÄLTER (*in Panik geraten, aus einem Gefühl heraus etwas tun, in Aufregung sein*)
4. **Konstellationsmetaphern**: Projektion ganzer, gestalthafter Konstellationen in abstrakte Bereiche. Bsp.: POLITIK IST KRIEG (*Wahlkampf, Parteienkrieg, politische Lager*)

Die numerische Anordnung der Klassen entspricht der Zunahme des Maßes an struktureller Komplexität. Über die Zuschreibung von einfachen Eigenschaften (Attributsmetapher), das Verständnis von Abstraktem als Objekte oder Personen (ontologische Metapher), der Übertragung von einfacher gestalthafter Struktur auf abstrakte Bereiche (bildschematische Metapher) bis hin zur Projektion von komplexen, gestalthaften Konstellationen auf abstrakte Bereiche

(Konstellationsmetapher) nimmt die übertragene Informationsmenge zu.

Aufgabe 2: Hegel hat sich wie folgt gegen die Verwendung von Metaphern ausgesprochen: „Die Metapher aber ist immer eine Unterbrechung des Vorstellungsganges und eine stete Zerstreuung, da sie Bilder erweckt und zueinanderstellt, welche nicht unmittelbar zur Sache und Bedeutung gehören und daher ebensosehr auch von derselben fort zu Verwandtem und Fremdartigem herüberziehen." Analysieren Sie, welche lexikalisierten Metaphern Hegel verwendet und auf welche konventionellen Konzeptualisierungen diese verweisen!

4.3 Metaphern in Terminologien

Lexikalisierte Metaphern finden sich nicht nur in der Alltagssprache, sondern auch in den Fachsprachen verschiedenster gesellschaftlicher Bereiche und Wissenschaftszweige. Ein definierter Fachbegriff ist ein **Terminus**, die Gesamtheit der Fachbegriffe bildet die **Terminologie** eines Gebietes. Terminologien können lexikalisierte Metaphern enthalten, die in einem systematischen Zusammenhang stehen.

Wenn in der Terminologie eines Wissenschaftsgebietes die lexikalisierten Metaphern stets auf dieselbe Kopplung von konzeptuellen Bereichen verweisen, so liegt die Ursache darin, dass der wissenschaftlich untersuchte Bereich in Analogie zu einem ganz anderen Gegenstandsbereich vorgestellt wird. Analogisches Denken wird demnach nicht nur im Alltag dafür verwendet, bestimmte Gegenstände kognitiv zugänglicher zu machen, sondern auch in der Wissenschaft. Pielenz (1993) unterscheidet deshalb in diesem Zusammenhang zwischen „alltagskreativen" und „theoriekreativen" Verbindungen konzeptueller Bereiche (die er gemäß der Konzeption von Lakoff und Johnson als „Metaphern" bezeichnet). Ein Beispiel aus der Geschichte der Sprachwissenschaft (vgl. Pielenz 1993: 78–80) ist die theoriekreative Analogie von entwicklungsgeschichtlichen Relationen zwischen Sprachen und biologischen Verwandtschaftsbeziehungen im Sinne der Darwinschen Abstammungslehre, die in der historisch-vergleichenden Sprachwissenschaft zur „Stammbaumtheorie" geführt haben. Die angenommenen Verwandtschaftsverhältnisse werden dabei in Analogie zur Struktur eines Baumes dargestellt:

Nach der von A. Schleicher (1821–1868) entwickelten Stammbaumtheorie lassen sich die zu einer Sprachfamilie gehörenden Einzelsprachen als Zweige bzw. Äste eines Stammbaumes auffassen, dessen Stamm eine ihnen letztlich gemeinsam zugrunde liegende Grundsprache bildet. (Helmut Glück (Hrsg.), *Metzler Lexikon Sprache*, ⁴2010, 666)

Die innerhalb dieser Theorie geprägten Fachbegriffe wie etwa *Sprachfamilie*, *Sprachverwandtschaft*, *Sprachstamm*, *Sprachzweig*, *Abstammung* etc. sind durchaus auch heute noch üblich. Die zugrunde liegende Analogie hat sich aber schon bald als zu unpräzise für die genaue Beschreibung erwiesen:

Abgesehen von der zu irrtümlichen Assoziationen verleitenden biologischen Terminologie (»Verwandtschaft«, »Abstammung«) bietet das Stammbaummodell in seiner ursprünglichen Fassung mit seinen (abrupten) Verzweigungen keine Möglichkeit, gegenseitige Beeinflussung bzw. parallele sprachliche Entwicklungen abzubilden. In der Praxis hat es sich jedoch für die Darstellung genetischer Beziehungen zwischen Sprachen bewährt. (Hadumod Bußmann (Hrsg.), *Lexikon der Sprachwissenschaft*, ⁴2008, 679 f.)

Das Beispiel zeigt, dass durch die Charakterisierung eines konzeptuellen Bereiches in Analogie zu einem anderen immer bestimmte Aspekte hervorgehoben werden, während andere verborgen bleiben – Lakoff und Johnson (1980: 10) sprechen von „Highlighting and Hiding" – und dass die meisten Analogien nicht restlos „aufgehen".

Aufgabe 3: Von Friedrich Nietzsche stammt die Aussage: „Das Erkennen ist nur ein Arbeiten in den beliebtesten Metaphern." Diskutieren Sie diese Behauptung kritisch im Hinblick auf metaphorisch motivierte Termini!

Selbst metaphorische Benennungen, die eher zu falschen Annahmen verleiten, werden in der Wissenschaft manchmal einfach deswegen als Termini weiter benutzt, weil ihre Verwendung zu einer festen Gewohnheit geworden ist. Die Metapher von der *unsichtbaren Hand* („*invisible hand*", Adam Smith 1776) ist z. B. in der philosophischen Theorie der Politik und in der Volkswirtschaftstheorie allgemein gebräuchlich. Mit ihrer Hilfe werden von Menschen erzeugte Phänomene und Strukturen erklärt, die so wirken, als seien sie willentlich erzeugt worden – gesteuert von einer im Verborgenen wirkenden „unsichtbaren Hand" –, die sich tatsächlich aber unbeabsichtigt aus einer Gesamtheit von menschlichen Einzelhandlungen ergeben haben, die keinem übergeordneten Ziel verpflichtet waren. Die Metapher ist somit offenbar unstimmig:

Von Nachteil ist, daß die Metapher der unsichtbaren Hand jemanden, dem sie nicht als Terminus geläufig ist, eher in die Irre führt, indem sie suggeriert, es handle sich um etwas Geheimnisvolles, Undurchschaubares. Das Gegenteil ist jedoch der Fall. Eine Invisible-hand-Theorie will Strukturen erklären und Prozesse sichtbar machen. (Keller [3]2003: 96)

Da viele Phänomene des Sprachwandels mit der Invisible-Hand-Theorie erklärt werden können, hat Keller ([3]2003) die Metapher der *unsichtbaren Hand* trotz ihrer Unstimmigkeit in die Sprachwandeltheorie eingeführt.

Neben den Beispielen theoriekreativer Metaphern finden sich in Terminologien aber auch viele lexikalisierte Metaphern, die lediglich dazu dienen, lexikalische Lücken zu füllen. Das wird besonders deutlich in den Fachsprachen verschiedener gesellschaftlicher Bereiche, in denen es vornehmlich darum geht, relevante Gegenstände und Phänomene eindeutig zu bezeichnen. Im Bereich Wirtschaft und Finanzwesen finden sich beispielsweise Bezeichnungen, die auf die konzeptuelle Kopplung GELD ALS WASSER verweisen z. B.:

(3)   Einnahme-, Geldquelle; Geld-, Kapitalfluss; Geld-, Finanzströme; flüssig, liquid (s. Liebert 1992, Baldauf 1997)

Hinter diesen Bezeichnungen steht aber keine wissenschaftliche Theorie, in der das Geldwesen in Analogie zu Wasserbewegungen beschrieben werden sollte. Im selben thematischen Bereich sind viele andere lexikalisierte Metaphern vorhanden, die durch den Bezug auf gänzlich andere Konzepte zustande gekommen sind:

(4)   Finanzdecke; Finanzgebäude, -haus; Finanzgeflecht; Finanzhafen; Finanzkarussell; Finanzkraft, finanzstark, -schwach; Investitionsklima; Kapitalabwanderung, -flucht

Bei der Analyse von Terminologien muss also immer zwischen den lexikalisierten Metaphern unterschieden werden, die sich einer theoriekreativen Analogiebeziehung zwischen verschiedenen konzeptuellen Bereichen verdanken (und deshalb in einem systematischen Zusammenhang stehen) und solchen lexikalisierten Metaphern, die lediglich lexikalische Lücken füllen. Auch bei letzteren lassen sich aber meist Gruppen systematisch zusammenhängender Bezeichnungen feststellen, wie etwa die Lexeme in (3) oder auch Gruppen wie *Finanzkraft, finanzstark, -schwach* in (4) belegen.

Aufgabe 4: Erläutern Sie, ob folgende lexikalisierte Metaphern aus der Fachsprache der elektronischen Datenverarbeitung in systematischen Zusammenhängen stehen oder sich zu Gruppen ordnen lassen: *Adresse, Befehl, Datenautobahn, Fenster, hängen, herunterfahren, herunterladen, hochfahren, Kaltstart, Lesezeichen, Maus, Menü, Modul, Ordner, Portal, Quellprogramm, Schleife, Schnittstelle, Stammdaten, Suchbaum, Systemabsturz, Virus, Verklemmung.*

4.4 Idiome

Bislang haben wir uns bei der Beschäftigung mit lexikalisierten Metaphern auf einzelne Wörter konzentriert. In diesem Unterkapitel geht es nun um Wortgruppen, die semantisch und syntaktisch den Status von Lexemen haben, weil sie in fester (oder relativ fester) Form im Lexikon gespeichert sind und sich ihre Bedeutung nicht regulär aus der Kombination der lexikalischen Einzelbedeutungen ergibt. Sie werden in der Linguistik als **Idiome** bezeichnet. Es handelt sich um Redewendungen wie etwa *aus dem Stegreif, auf dem Holzweg sein, jemandem einen Korb geben, ein Fass aufmachen, ins Fettnäpfchen treten, jemandem einen Bären aufbinden, eine Kröte schlucken* usw. Idiome bestehen aus mindestens zwei Wörtern: Die Mindestanforderung erfüllen z. B. Ausdrücke wie *Süßholz raspeln* oder *roter Faden*.

Die Idiome stellen feste Verbindungen dar, weil die kombinierten Lexeme nicht durch Synonyme oder bedeutungsverwandte Wörter ersetzt werden können: Die Formulierungen *jemandem eine Bärin aufschnüren, einen Frosch einnehmen* oder *rötliche Schnur* (statt der Originale) würden von Sprechern des Deutschen bestimmt als Abweichung empfunden. Manchmal sind aber auch mehrere Varianten lexikalisiert, wie etwa *auf dem Holzweg sein* und *sich auf dem Holzweg befinden*.

Die Eigenschaft, dass sich die Bedeutung der Idiome nicht aus der Kombination der Einzelbedeutungen der Lexeme ergibt, wird als **Idiomatizität** bezeichnet. Die Bedeutung 'jmdm. etw. Unwahres so erzählen, dass er es glaubt' (DUW) des Idioms *jemandem einen Bären aufbinden* kann nicht aus der Summe der Einzelbedeutungen von *aufbinden, Bär, ein* und *jemand* (die entsprechend ihrer syntaktischen Anordnung kombiniert werden) erschlossen werden. Ebenso verhält es sich z. B. mit der Bedeutung 'etw. Unangenehmes [stillschweigend] hinnehmen; sich mit einer lästigen Sache [ohne Sträuben] abfinden' (DUW) für *eine Kröte schlucken* oder 'mit einer Vorstellung, Meinung o. Ä. von etw. sehr irren' (DUW) für *auf dem Holzweg sein*.

Der Teilbereich der Sprachwissenschaft, in dem Idiome erforscht werden, ist die **Phraseologie** (s. Burger [4]2010, Fleischer [2]1997, Palm [2]1997). Idiome sind ihr Hauptgegenstand (die Phraseologie ist auch unter der Bezeichnung Idiomatik bekannt). Die moderne Phraseologie beschäftigt sich jedoch nicht nur mit Idiomen, sondern mit der Gesamtheit von fest gefügten Wortgruppen, die Lexemstatus haben. Sie werden unter dem Terminus **Phraseologismen** (Singular: **Phra-**

seologismus) zusammengefasst. Die Eigenschaft der Idiomatizität gilt z. B. nicht uneingeschränkt für alle Phraseologismen: Deshalb werden neben den Idiomen auch **Teil-Idiome** und **Kollokationen** untersucht (s. Burger ⁴2010: 38). Teil-Idiome sind dadurch gekennzeichnet, dass das Merkmal der Idiomatizität nicht für den gesamten Phraseologismus gilt, da sie Lexeme enthalten, die in ihrer wörtlichen Bedeutung zur Gesamtbedeutung beitragen, z. B. *keine Ahnung haben* in *von Tuten und Blasen keine Ahnung haben*, *Wut* in *vor Wut schäumen* oder *Theorie* in *graue Theorie*. Bei Kollokationen handelt es sich um feste Verbindungen von Lexemen, für die das Merkmal der Idiomatizität gar nicht zutrifft, weil sich ihre Bedeutung regulär aus der Kombination der Einzelbedeutung ergibt, wie z. B. in *sich die Zähne putzen* oder *sich die Haare kämmen*.

Aufgabe 5: Bestimmen Sie die folgenden Phraseologismen nach den Kategorien Idiom, Teil-Idiom und Kollokation: *jemandem den Fuß auf den Nacken setzen, jemandem sitzt die Angst im Nacken, reinen Tisch machen, den Tisch decken, ein rotes Tuch, mit der Wurst nach dem Schinken werfen, einen Frosch im Hals haben, etwas in den falschen Rachen bekommen, Geld abheben, in Geld schwimmen, Zeit investieren, die Zeit messen, die Zeit totschlagen*!

Idiomatizität steht im Gegensatz zum grundlegenden Prinzip der **Kompositionalität**, demzufolge sich die Bedeutung eines komplexen Ausdrucks regulär aus der Summe der Bedeutungen der Lexeme gemäß deren syntaktischer Anordnung ergibt. Das wird besonders deutlich an Wortgruppen, die einerseits als Idiom im Lexikon gespeichert sind, die aber auch bei Verwendung als freier Wortgruppe wörtlich und kompositionell regulär verstanden werden können.

(5) Aber viele finden „Gesellschaft" momentan unübersichtlich, grau in schwarz alles, und nirgends ein roter Faden. (Elisabeth von Thadden, *DIE ZEIT* 47, 14.11.2002, 53)
(6) In die helle Bluse ist ein roter Faden eingenäht.

Beim Verstehen von (5) wird *roter Faden* als Idiom identifiziert, da die wörtliche Bedeutung nicht zum Rest des Satzes passen würde. In (6) würde dagegen die idiomatische Bedeutung nicht passen, weshalb *ein roter Faden* wörtlich verstanden wird, wobei sich die Gesamtbedeutung aus der Kombination der Einzelbedeutungen ergibt. Die Bedeutung des Idioms *roter Faden*, nämlich 'leitender, verbindender Grundgedanke; Grundmotiv' (Duden 11), lässt sich dagegen nicht aus der Kombination der Bedeutungen von *Faden* und *rot* bestimmen.

Wenn der Ursprung eines Idioms sprachgeschichtlich nachgewiesen werden kann, so ist die idiomatische Bedeutung **motivierbar**, weil gezeigt werden kann, in welchem Verhältnis die idiomatische Bedeutung zur wörtlichen Bedeutung des Ausdrucks steht (vgl. Burger [4]2010: 68–71). Das ist nicht immer der Fall: Der Ursprung des Idioms *einen Affen sitzen haben* im Sinne von 'betrunken sein' lässt sich beispielsweise nicht eindeutig feststellen (Duden 11). Dagegen ist die Herkunft von *ein roter Faden* z. B. geklärt: Das Idiom geht auf Goethe zurück. In seinem Roman *Die Wahlverwandtschaften* (2. Buch, 2. Kap.) wird das thematische Grundmotiv von Ottiliens Tagebuch mit dem roten Faden verglichen, der bei der englischen Marine in das Tauwerk der Schiffe eingewebt war, wodurch sämtliche Taue als Besitz des Königshauses gekennzeichnet wurden. Fälle, in denen sich die Herkunft eines Idioms bestimmten Texten zuordnen lässt, sind nicht die Regel. Prominente Beispiele finden sich aber etwa in der Bibel oder in der klassischen Literatur der Antike: Die Wendung *mit Blindheit geschlagen sein* z. B. geht auf die Bücher Mose im Alten Testament zurück; die Sage von der *Büchse der Pandora* wird beispielsweise von Hesiod erzählt, die Geschichte vom *Schwert des Damokles* etwa von Cicero und Horaz berichtet (Duden 11).

Viele Idiome sind in der Lebenswelt vergangener Epochen entstanden. Deshalb ist häufig spezifisches historisches Wissen nötig, um die idiomatische Bedeutung motivieren zu können: Die Wendung *etwas auf dem Kerbholz haben* bezieht sich etwa auf den bis ins 18. Jahrhundert gebräuchlichen „Holzstab, in den Kerben als Nachweis z. B. für Schulden eingeschnitten wurden" und bedeutete eigentlich 'Schulden haben', wovon die idiomatische Bedeutung 'etw. Unerlaubtes, Unrechtes, eine Straftat o. Ä. begangen haben' (DUW) abgeleitet wurde (vgl. Duden 11). Lexeme wie *Kerbholz* sind **unikale Komponenten**, weil sie nur noch Teil der besagten Idiome sind und gegenwartssprachlich nicht eigenständig auftreten. Ein anderes Beispiel ist das Lexem *Stegreif*, das nur noch im Idiom *etwas aus dem Stegreif tun* geläufig ist: *Stegreif* ist eine alte Bezeichnung für den Steigbügel, die Wendung bedeutete ursprünglich 'ohne vom Pferd herunterzusteigen, sofort', woraus die idiomatische Bedeutung 'etwas ohne Vorbereitung, improvisiert tun' abgeleitet ist (Duden 11).

Neben den historisch überlieferten Idiomen gibt es auch solche jüngeren Datums. Sie nehmen auf Aspekte Bezug, die zu besonderen Bereichen der heutigen Lebenswelt gehören, weshalb Sprecher zu ihrer Motivierung Wissen aus diesen Bereichen benötigen. Das

Idiom *alles im grünen Bereich* etwa „geht auf die Anzeige von Kontroll- und Regelautomaten zurück, die mit roten Feldern den Gefahrenbereich, mit grünen Feldern den normalen Arbeitsbereich [...] markieren" und bedeutet 'es ist alles unter Kontrolle, normal, in Ordnung' (Duden 11). Die Wendung *den Ball flach halten*, deren idiomatische Bedeutung mit 'sich zurückhalten; unnötiges Risiko, unnötige Aufregung o. Ä. vermeiden' wiedergegeben werden kann, „ist eine Übertragung aus dem Fußballjargon: Flach gespielte Bälle sind leichter zu kontrollieren und in den eigenen Reihen zu halten" (Duden 11). Spezifisches Wissen ist für die Motivierung eines großen Teils der Idiome nötig. Es gibt aber ebenso Idiome, bei denen es den Sprechern auch ohne Spezialkenntnisse leicht fällt, die idiomatische Bedeutung zu motivieren, wie etwa 'einen Konkurrenten o. Ä. rücksichtslos beiseite, in den Hintergrund drängen' für das Idiom *jemanden an die Wand drücken*. Selbst wenn die Bedeutung eines Idioms motivierbar ist, so ändert das jedoch nichts an der Eigenschaft der Idiomatizität: Man kann den Zusammenhang zwischen der Bedeutung des Idioms und der wörtlichen Bedeutung der Wortgruppe nämlich nur herleiten, wenn man die idiomatische Bedeutung bereits kennt (was im Fremdsprachenunterricht zu Missverständnissen führen kann). Für *jemanden an die Wand drücken* wären auch idiomatische Bedeutungen wie 'jemanden erpressen' oder 'jemanden belästigen' denkbar. Für *jemanden an die Wand stellen* wäre z. B. 'jemanden dazu zwingen, dass er seine Ansichten revidiert' als mögliche idiomatische Bedeutung problemlos ableitbar. Im Schwedischen hat das Idiom genau diese Lesart (Palm 1997: 10). Im Deutschen bedeutet es aber 'jmdn. [standrechtlich] erschießen' (DUW). Der Zusammenhang zwischen idiomatischer Bedeutung und wörtlicher Bedeutung ist in diesem Fall metonymisch, denn „standrechtliche Erschießungen wurden gewöhnlich vor einer Wand od. Mauer vorgenommen" (DUW). Es handelt sich um eine euphemistische Bezeichnung, da der Aspekt des An-die-Wand-Stellens, der metonymisch für die Erschießung steht, die Brutalität des Vorgangs in keiner Weise ausdrückt.

Aufgabe 6: Palm (1997: 11) zählt das Idiom *ein Fass aufmachen* zu den „durchsichtigen Metaphorisierungen", d. h. zu den Idiomen, deren Bedeutung für kompetente Sprecher des Deutschen synchron motivierbar sind. Informieren Sie sich im Duden 11 über die Herkunft und Bedeutung des Idioms. Lässt sich die idiomatische Lesart ohne Weiteres aus der wörtlichen ableiten? Gibt es nur eine idiomatische Lesart?

Insgesamt ergibt sich für Idiome ein eher heterogenes Bild: Ihre Herkunft kann sehr verschieden sein und auch die konzeptuellen Bereiche, für deren Charakterisierung sie herangezogen werden, können sehr unterschiedlich sein. Zwei Teilgebiete sollen aber noch genannt werden: Eine Vielzahl von Idiomen gehört zu den so genannten **Somatismen**, das sind Idiome, in denen Bezeichnungen für Körperteile des Menschen vorkommen, wie z. B. in *jemandem den Zahn ziehen, sich die Zähne an jemandem ausbeißen, Hand und Fuß haben, für jemanden die Hand ins Feuer legen, kalte Füße bekommen.* Häufig sind auch Idiome, die Bezeichnungen für Tierarten als Bestandteil haben, wie etwa im schon besprochenen *jemanden einen Bären aufbinden* oder in *seinem Affen Zucker geben, schlafende Hunde wecken, die Katze im Sack kaufen, die Kuh vom Eis holen, mit jemandem Pferde stehlen können, Schwein haben* etc.

Aufgabe 7: Charakterisieren Sie unter kritischer Einbeziehung der folgenden Aussage von Burger (⁴2010: 103) die Unterschiede zwischen lexikalisierten Einzelwortmetaphern und Idiomen im Hinblick auf ihre Systemhaftigkeit: „Es ist mehr oder weniger zufällig, welche Ausdrücke in einer Sprache als idiomatisch zur Verfügung stehen. Nur einige Zielbereiche sind idiomatisch 'abgedeckt' und auch diese nur fragmentarisch."

Zum Schluss dieses Abschnitts soll es noch um einige der Möglichkeiten gehen, wie Idiome für kreativen Sprachgebrauch genutzt werden (s. auch Kap. 7.3 u. 7.5). Falls ihre metaphorische Motivierung für heutige Sprachteilnehmer durchsichtig ist, können sie remetaphorisiert werden. Das wird beispielsweise durch kreative Erweiterungen erreicht, wie etwa in folgenden Aphorismen von Stanisław Jerzy Lec (*Sämtliche unfrisierte Gedanken*, 58), in denen eine überraschende Sicht auf die zugrunde liegenden metaphorischen Charakterisierungen zum Ausdruck kommt:

(7) Nun bist du mit dem Kopf durch die Wand. Und was wirst du in der Nachbarzelle tun?

(8) Geh mit der Zeit, aber komme von Zeit zu Zeit zurück.

In (7) wird das Idiom *mit dem Kopf durch die Wand wollen*, das 'Unmögliches erzwingen wollen' (DUW) bedeutet, remetaphorisiert und in (8) das Idiom *mit der Zeit gehen*, dessen Bedeutung mit 'sich der Entwicklung, den jeweiligen Verhältnissen anpassen, fortschrittlich sein' (DUW) paraphrasiert kann.

Eine weitere Möglichkeit des kreativen Umgangs besteht darin, Idiome auf überraschende Weise miteinander zu kombinieren:

(9) Wo sie hintrat, wuchs kein Gras, außer jenes, in das sie die Männer beißen ließ. (Karl Kraus, *Aphorismen*, 157)

Die Kombination der Idiome *wo er hintritt, wächst kein Gras mehr*
– das sich im vorliegenden Beispiel auf eine Frau bezieht! – und *ins
Gras beißen* bewirkt auch deren Remetaphorisierung. Der grotesk-
komische Effekt des Beispiels ergibt sich aus zwei Gründen: Die
bewusst gemachten metaphorischen Charakterisierungen werden so
miteinander verbunden, dass sie plausibel zueinander passen und
sich in ihrer Wirkung gegenseitig verstärken. Die Verknüpfung
wird über das Konzept GRAS ermöglicht. Analog dazu passen auch
die Bedeutungen der beiden Idiome – 'der Betreffende ist in seinem
Handeln grob und schonungslos' und '[eines gewaltsamen Todes]
sterben' (Duden 11) – zusammen und stützen gemeinsam die stark
negative Bewertung der durch *sie* bezeichneten weiblichen Person.

Aufgabe 8: Erläutern Sie hinsichtlich des Verstehens und der Wirkung von (9)
die Funktion von *außer* für die Verschränkung der beiden Idiome!

Natürlich können auch Idiome auf unpassende Weise miteinander
kombiniert werden, um eine komische Wirkung zu erzielen. Ein
Beispiel ist die scherzhafte Formulierung *das schlägt dem Fass die
Krone ins Gesicht*, in der drei Idiome vermengt werden: *das schlägt
dem Fass den Boden aus*, *einer Sache die Krone aufsetzen* und *ein
Schlag ins Gesicht sein* (s. Duden 11). Diese Idiome passen zwar in
ihrer Bedeutung zusammen, nicht aber in den metaphorischen Cha-
rakterisierungen, die auf vollkommen verschiedene konzeptuelle
Bereiche – FASS(BODEN), RICHTKRONE (vgl. Duden 11) und
GESICHT(SCHLAG) – Bezug nehmen.

Die Kombination von verschiedenen Idiomen muss übrigens
nicht unbedingt beabsichtigt sein: Manchmal kombinieren Textproduzenten lediglich aus Unachtsamkeit Idiome, die nicht zusammen
passen, und erzeugen so eine besondere Form der **Stilblüte**, die als
Bildbruch oder in der Rhetorik auch als **Katachrese** bezeichnet
wird (und nicht mit Katachrese im Sinne von 'gefüllter lexikalischer Lücke' verwechselt werden darf; vgl. Kap. 4.1).

Eine weitere kreative Möglichkeit betrifft das Aufbrechen der
fest gefügten Form eines Idioms durch den Austausch von Lexemen:

(10) Im Übrigen handelt es sich um einen Taifun im Fingerhut, also als Kon-
trastprogramm den gegenwärtigen Problemen durchaus angemessen.
(Günter Kunert, Doppelte Schande. Taifun im Fingerhut: Peter Handke
attackiert Günter Grass, *DIE ZEIT* 39, 21.09.2006, 56)

Mit der Formulierung *ein Taifun im Fingerhut* spielt Günter Kunert auf das Idiom *ein Sturm im Wasserglas* an, das 'große Aufregung um eine ganz nichtige Sache' bedeutet (und auf einen Ausspruch des französischen Staatstheoretikers Montesquieu zurückgeht, DUW). Die komische Wirkung kommt zustande, weil das Missverhältnis der räumlichen Dimensionen von STURM und WASSERGLAS, dem das Idiom seine Wirkung verdankt, durch die Gegenüberstellung von TAIFUN und FINGERHUT noch verstärkt wird.

Weiterführende Literatur: Zu den verschiedenen Aspekten des Lexikons siehe die Handbuchartikel in Cruse u. a (Hrsg.) (2002). Einen Überblick über lexikalisierte Metaphern und ihre Darstellung im Wörterbuch gibt Strauß (1991). Eine frühe Zusammenfassung der Systematik metaphorisch motivierter Bezeichnungen bietet Paul (1880: 94–97). Die Theorie der Bildfelder hat Weinrich in einem Aufsatz 1958 dargelegt (in Weinrich 1976: 270–290); sie wird in ihrer Geschichte und Weiterentwicklung von Peil (2002) aus diachroner und Liebert (2002) aus synchroner Perspektive beleuchtet. Die Theorie der konzeptuellen Metaphern von Lakoff und Johnson (1980) wird z. B. von Liebert (1992), Baldauf (1997) und Jäkel (2003) diskutiert, wobei auch ausführlich Vorläufer-Theorien vorgestellt werden. Baldauf (1997) und Liebert (1992) bieten umfassende Studien zu Metaphern im Deutschen. Zur Problematik der Idiome bieten Burger ([4]2010) und Fleischer ([2]1997) umfassende Einführungen; siehe dazu aus kognitiver Perspektive auch Dobrovol'skij (1997).

5. Metaphorische Äußerungen

5.1 Bedeutungsebenen und Metaphern

Um das Erkennen und Verstehen von metaphorischem Sprachgebrauch erklären zu können, muss man Metaphern zu verschiedenen Bedeutungsebenen in Beziehung setzen. In der germanistischen Linguistik hat sich die Dreiteilung der Bedeutungsebenen bewährt, die Bierwisch (1979) vorgeschlagen hat. Bierwisch unterscheidet zwischen der Ausdrucksbedeutung, der Äußerungsbedeutung und dem kommunikativen Sinn. Wir wollen diese Ebenen zunächst allgemein vorstellen, bevor wir ihre Bedeutung für das Metaphernverstehen demonstrieren.

Die **Ausdrucksbedeutung** (in Bezug auf Sätze auch: **Satzbedeutung**) ist die kontextunabhängige, wörtliche, d. h. semantische Bedeutung eines komplexen Ausdrucks. Für diese Ebene gilt das Kompositionalitätsprinzip, welches besagt, dass sich die Gesamtbedeutung aus den Bedeutungen der kombinierten Teile und deren syntaktischer Verbindung ergibt (vgl. Bartsch 2002). Der Inhalt der Ausdrucksbedeutung wird auch als **Proposition** bezeichnet. Diese legt das **Referenzpotenzial** fest.

(1)   Dass wir oft an Wahlkampfaussagen gemessen werden, ist nicht gerecht.

Die Ausdrucksbedeutung von (1) ist nichts anderes als die wörtliche Bedeutung des Satzes, nämlich 'dass es nicht gerecht ist, dass wir an Wahlkampfaussagen gemessen werden', wobei *wir* das Potenzial aufweist, auf die Person eines Sprechers und der durch ihn vertretenen Gruppe referieren zu können.

Bei der **Äußerungsbedeutung** handelt es sich um die kontextabhängige, aktuelle Bedeutung eines Satzes, wenn er in einer konkreten Kommunikationssituation geäußert wird. Auf der Ebene der Äußerungsbedeutung finden die Referenzfestlegung und die Spezifierung der vagen semantischen Information statt. Der Satz (1) ist tatsächlich in einer konkreten Kommunikationssituation geäußert worden, und zwar 2006 vom damaligen Vize-Kanzler und Bundesarbeitsminister Franz Müntefering (SPD). Die Äußerungsbedeutung enthält demnach z. B. die Information, dass *wir* auf den Sprecher Müntefering und die von ihm vertretene politische Gruppe referiert, dass mit *Wahlkampfaussagen* die spezifischen politischen Versprechungen und Ankündigungen des Bundestagswahlkampfs im Herbst 2005 gemeint sind und dass *gemessen werden* sich auf den Vergleich des Inhalts dieser Aussagen mit dem tatsächlichen politischen Handeln der Großen Koalition bezieht.

Der **kommunikative Sinn** geht noch über die Information der Äußerungsbedeutung hinaus, weil er sich auf die kommunikative Handlung, auf die **Illokution** bezieht, die mit der Äußerung vollzogen wird und vom Sprecher intendiert ist (s. Schwarz/Chur [5]2007: 28–32). Oft wird der kommunikative Sinn durch mehrere Illokutionen zugleich bestimmt. Der Form nach handelt es sich bei (1) um einen Aussagesatz, der kommunikative Sinn besteht darin, dass Franz Müntefering die Illokution des Behauptens realisiert. Natürlich werden Rezipienten (1) aber auch als eine indirekte Aufforderung verstehen, als Aufforderung nämlich, den Vergleich von Wahlkampfaussagen und politischem Handeln zukünftig zu unterlassen.

Für das Verstehen von Metaphern ist die Unterscheidung der drei Ebenen von entscheidender Bedeutung: Metaphorischer Sprachgebrauch wird erst bei der Etablierung der Äußerungsbedeutung identifiziert und nicht etwa schon in Bezug auf die Ausdrucksbedeutung (s. das folgende Kap. 5.2). Auf der Ebene der Äußerungsbedeutung ist entscheidend, welche spezifische semantische Information durch die Metapher vermittelt wird. Auf der Ebene des kommunikativen Sinnes kommen dagegen die besonderen Wirkungsaspekte des metaphorischen Sprachgebrauchs zum Tragen, die von den Produzenten intendiert sind. Wir wollen das an folgendem Statement demonstrieren, das Silvio Berlusconi, damals italienischer Ministerpräsident, im Februar 2006 zu seiner erneuten Kandidatur als Regierungschef abgab:

(2)   Ich bin der Jesus Christus der Politik, leidend, ich nehme alles auf mich, ich opfere mich für jeden. (Worte der Woche, *DIE ZEIT* 8, 16.02.2006, 5)

Auf der Ebene der Satzbedeutung wird ausgedrückt, dass sich ein Sprecher als *Jesus Christus der Politik* bezeichnet und sagt, 'dass er alles auf sich nimmt und sich für jeden opfert'. Auf der Ebene der Äußerungsbedeutung wird die Referenzfestlegung getroffen, dass es sich beim Sprecher um Silvio Berlusconi handelt. Die Verwendung von *Jesus Christus* wird im konkreten Kommunikationskontext als metaphorisch erkannt. Sie kann von den Rezipienten der Äußerung im Sinne des Merkmals(komplexes) DIENEND verstanden werden, wobei sich dessen Bedeutung mit 'sich einer Sache […] freiwillig unterordnen u. für sie wirken' und 'für etwas eintreten' (DUW) paraphrasieren lässt (s. Kap. 5.3). Einen entscheidenden Einfluss auf dieses Verstehensergebnis übt die in (2) gegebene Erläuterung *leidend, ich nehme alles auf mich, ich opfere mich für jeden* aus (s. Kap. 6.3). Auf der Ebene des kommunikativen Sinnes besteht die Intention vor allem darin, dass sich der Sprecher Berlusconi mit der Äußerung (2) selbst aufwerten möchte. An diesem kommunikativen Sinn des Aufwertens hat die Metapher *Jesus Christus* einen entscheidenden Anteil, der aus den positiv evaluierenden Merkmalen des Konzeptes JESUS CHRISTUS resultiert.

Das Beispiel (3) soll veranschaulichen, dass die Verwendung einer anderen Metapher zu einem anderen kommunikativen Sinn führen kann, obwohl die Äußerungsbedeutung konstant bleibt:

(3) Ich bin der Lastesel der Politik, leidend, ich nehme alles auf mich, ich opfere mich für jeden.

Würde ein Politiker (3) äußern, so würde der Äußerung der kommunikative Sinn der Abwertung zugesprochen: Der spezifische Bezug zum Konzept LASTESEL bewirkt diese Bewertung, da LASTESEL ein Tierkonzept ist, das bei Anwendung auf Menschen stets eine pejorative Evaluation zur Folge hat, wie es bei vielen metaphorischen Charakterisierungen von Menschen durch Tierkonzepte der Fall ist (s. Strauß 1991: 191–208). Im Deutschen lässt sich die durch *Lastesel* zum Ausdruck gebrachte negative Bewertung auch im Phraseologismus *Ich bin doch nicht dein Lastesel!* nachweisen.

Die Beispiele (2) und (3) haben gezeigt, dass das Verstehen von metaphorischem Sprachgebrauch sich sowohl auf der Ebene der Äußerungsbedeutung als auch auf der Ebene des kommunikativen Sinnes manifestiert: Indem Rezipienten metaphorische Wortverwendung verstehen, legen sie einerseits fest, welchen Anteil die Metapher zur Äußerungsbedeutung beisteuert. Andererseits legen sie fest, welchen Einfluss der metaphorische Wortgebrauch auf den kommunikativen Sinn ausübt, d. h. in welcher Weise sie sich auf die Illokution(en) auswirkt, die mit der Äußerungsbedeutung verbunden werden.

Weil Metaphern in Bezug auf die verschiedenen Bedeutungsebenen untersucht werden können und müssen, sind sie für verschiedene Teildisziplinen der Sprachwissenschaft ein relevanter Gegenstand, besonders für die **Semantik**, die sich mit der Bedeutung sprachlicher Zeichen befasst, und der **Pragmatik**, die das sprachliche Handeln erforscht. Mit der Satzbedeutung als der kontextunabhängigen Bedeutung beschäftigt sich die **linguistische Semantik** (s. Schwarz 1992, Schwarz/Chur [5]2007), mit dem kommunikativen Sinn als dem Handlungswert einer Äußerung die **linguistische Pragmatik**. Mit der Äußerungsbedeutung als der kontextabhängigen Bedeutung eines als Äußerung realisierten Satzes beschäftigen sich beide Disziplinen: Die Äußerungsbedeutung stellt deshalb die **Schnittstelle** von Semantik und Pragmatik dar (s. Schwarz/ Chur ⁵2007: 28–32, Skirl 2009: 103–112).

5.2 Identifikation von Metaphern

Auf der Ebene der wörtlichen, kontextunabhängigen Satzbedeutung lassen sich Metaphern nicht identifizieren – schließlich stellen sie eine besondere Form des Sprachgebrauchs in spezifischen Kommunikationskontexten dar. Aus Sicht der satzsemantischen, kompositionellen Bedeutungsberechnung lassen sich weder notwendige noch hinreichende Kriterien dafür finden, dass ein Satz, wenn er als Äußerung realisiert wird, metaphorisch verstanden werden muss. Dennoch lässt sich an manchen Sätzen erkennen, dass sie sich für metaphorischen Sprachgebrauch eignen würden.

Für viele metaphorische Äußerungen gilt beispielsweise, dass sie Verstöße gegen semantische Kombinationsregeln, gegen so genannte **Selektionsbeschränkungen** realisieren. Durch Selektionsbeschränkungen wird die Kombinierbarkeit von sprachlichen Ausdrücken zu semantisch widerspruchsfreien Phrasen und Sätzen geregelt (s. Abraham 1975).

(4) Und dann erst diese wurmstichigen Regieeinfälle! (Hans Mentz, Humorkritik, *Titanic. Das endgültige Satiremagazin*, 01/2007, 51)

(5) Fischer hat die Partei auf ihren machtpolitischen Zenit geführt, personell hat er sie ausgetrocknet. (Matthias Geis, Die grauen Grünen. Nach dem Abschied von Joschka Fischer [...], *DIE ZEIT* 40, 29.09.2005, 5)

In (4) z. B. verstößt die Attribuierung von *Regieeinfälle* durch *wurmstichig* gegen semantische Kombinationsregeln: Das Substantiv *Regieeinfälle* bezeichnet Gedanken, das Adjektiv *wurmstichig* dagegen erfasst die Eigenschaft, von Würmern zerfressen zu sein, über die konkrete Objekte (wie Äpfel, Holzschränke etc.), nicht jedoch Gedanken verfügen können. In (5) werden etwa die Selektionsbeschränkungen von *austrocknen* durch die Argumentspezifikation *die Partei* verletzt. Das Verb *austrocknen* verlangt als Argument einen Ausdruck, der eine Entität der physischen Welt bezeichnet, die über entziehbare Feuchtigkeit verfügt oder verfügen kann (wie z. B. *Sumpf, Boden, Keller* usw.). Diese Bedingung wird von *Partei* nicht erfüllt, da der Ausdruck eine politische Organisation bezeichnet.

Die Rezipienten werden die Verwendung von *wurmstichig* in (4) und *ausgetrocknet* in (5) als Form metaphorischen Sprachgebrauchs identifizieren, weil die wörtliche Lesart aufgrund der **semantischen Deviation** (Abweichung) eine unsinnige Aussage ergibt. Die Rezipienten gehen nämlich im Normalfall davon aus, dass die Produzenten sich an das grundlegende Kooperationsprinzip der Kommunikation halten, demzufolge die Produzenten nur etwas mitteilen, dass für die Rezipienten relevant und sinnvoll ist (s. Grice 1989). Entscheidend für das Auslösen metaphorischer Lesarten in einem konkreten kommunikativen Kontext ist, dass die wörtliche Lesart inhaltlich nicht plausibel ist, die metaphorische Lesart aber sehr wohl (s. Schwarz-Friesel 2004). Dies trifft auch für Äußerungen zu, in denen gar keine Verletzungen semantischer Kombinationsregeln vorliegen, die aber – wörtlich verstanden – nicht zum Kommunikationskontext passen würden:

(6) Jetzt ist Ruhe im Schiff, Mitternacht. (Walter Kempowski, Eintrag zum 12.07.1983, *Sirius. Eine Art Tagebuch*, 327)
(7) Wir haben zum ersten Mal in der Geschichte der Bundesrepublik eine unklare Mehrheitslage im Bundestag. Wir haben eine große Nebelwand vor uns, wir fahren alle auf Sicht. (FDP-Chef Guido Westerwelle im Interview, *DIE ZEIT* 40, 29.09.2005, 6)

In (6) und (7) liegen keine Verletzungen von semantischen Selektionsbeschränkungen vor. Dennoch werden Rezipienten metaphorische Lesarten etablieren: Sie werden *Schiff* in (6) als metaphorische Bezeichnung für das Haus des Autors verstehen, da sich der gesamte Tagebucheintrag auf die Aktivitäten dort bezieht. In (7) werden die Rezipienten den zweiten Satz als metaphorische Äußerung verstehen im Sinne einer Erläuterung des zuvor Gesagten. Beispiele wie (6) und (7) sind nicht selten und belegen, dass für die Identifikation von metaphorischem Sprachgebrauch die Verletzung von Selektionsbeschränkungen keine notwendige Voraussetzung ist.

Eine solche Verletzung ist auch kein hinreichendes Indiz für metaphorischen Sprachgebrauch:

(8) Sie bebilderten feuriges Gras auf der Wolke. (Schwarz/Chur [5]2007: 70)

Rezipienten werden (8) nicht als metaphorisch identifizieren, da es sich um ein Beispiel aus einem Lehrbuch der Semantik handelt, das die Verletzung semantischer Kombinationsregeln verdeutlichen soll. Als eine Instanz metaphorischen Sprachgebrauchs würde (8) aber wahrscheinlich verstanden, wenn der Satz in einem poetischen Text, z. B. in einem modernen Gedicht stehen würde.

(9) «Tuts weh?» Calista schnellte herum. Der Hund, der sie angesprochen hatte, lehnte lässig im fahlen Mondlicht an einer Tonne.

Wenn man (9) losgelöst von seinem Originalkontext betrachtet, liegt es nahe, eine metaphorische Lesart für *Hund* – etwa im Sinne von 'unangenehmer Mann' – anzunehmen, da *Hund* nicht zu den Selektionsbeschränkungen von *ansprechen* passt, da diese für die Agens-Rolle einen Ausdruck verlangen, der die Eigenschaft MENSCHLICH aufweist. Rezipienten, die (9) in seinem ursprünglichen Kontext antreffen, werden keine metaphorische Lesart etablieren: Die Passage findet sich nämlich in *Die wilden Hunde von Pompeii*, einer Fantasy-Fabel von Helmut Krausser (hier: S. 181), in der Hunde als menschenähnliche Wesen auftreten.

Beispiele wie (8) und (9) zeigen, dass die Identifikation von metaphorischem Sprachgebrauch entscheidend vom kommunikativen Kontext abhängig ist. Um den Rezipienten die Identifikation zu erleichtern, verwenden die Sprachproduzenten häufig die Strategie, metaphorische Sprachverwendung durch sprachlich explizite Hinweise zu signalisieren. In (10) sind einige der möglichen erläuternden Ausdrücke aufgeführt, (11) gibt ein Beispiel für ihren Einsatz:

(10) metaphorisch/bildlich/bildhaft gesprochen; um eine Metapher/ein Bild zu benutzen; im übertragenen Sinne/in übertragener Bedeutung etc.

(11) Er [= der Romanprotagonist Loos] kenne kaum jemanden, der nicht gezeichnet sei von der Angst zu versagen. Fast alle hätten, krud und bildlich gesprochen, die Hosen voll […]. (Markus Werner, *Am Hang*, 61)

In (12), einem Ausschnitt aus der schon in (9) zitierten Fantasy-Geschichte *Die wilden Hunde von Pompeii* wird in einem Gespräch zwischen zwei der personifizierten Hunde mit der Unsicherheit beim Identifizieren von metaphorischem Sprachgebrauch gespielt. Vor dem Hintergrund der Tatsache, dass die Fantasy-Textwelt stark von der normalen Wirklichkeit abweicht, erzeugt dies den Effekt des Witzigen:

(12) «[…] Ihr habt einen weiten Weg zurückzulegen. Bis zu den Wurzeln des Vulkans.»
«Ein Vulkan hat Wurzeln?»
«Bildlich gesprochen.»
«Aha. […]» (Helmut Krausser, *Die wilden Hunde von Pompeii*, 185)

In schriftlich fixierten Texten können Metaphern nicht nur durch explizite sprachliche Hinweise, sondern auch durch Hervorhebung mit grafischen Mitteln (z. B. Kursivschrift) oder durch das Setzen in Anführungszeichen signalisiert werden. Letztere sind ein häufig verwendetes Interpunktionsmittel zur Signalisierung von metaphorischem Sprachgebrauch, wie etwa (13) zeigt. In (14) werden die Strategien von sprachlicher Erläuterung und Hervorhebung durch Anführungszeichen sogar verbunden:

(13) Ein Wermutstropfen indes sind die reichlich „verkratzten" Töne der Sopranistin [...]. (Werner Pfister, *Fono Forum* 10/2006, 81)

(14) Die allzu harmlose Metapher einer »Sättigung der Märkte« drückt die reale Diskrepanz nur unzureichend aus: Übersättigung ist das Konsumäquivalent der Überproduktion. (Ludger Lütkehaus, Wir haben genug. Wir brauchen nichts mehr. [...], *DIE ZEIT* 28, 07.07.2005, 36)

Eine weitere Möglichkeit besteht darin, eine metaphorische Lesart durch Zusätze wie *so eine Art* oder *sozusagen, gewissermaßen* usw. nahe zulegen, mit denen allgemein auf ungewöhnliche Wortverwendung hingewiesen werden kann. In (15) und (16) unterstützen sie die Identifikation metaphorischen Sprachgebrauchs:

(15) Doch der ironische Tiefsinn und die heitere Schlagfertigkeit sind nun mal Steinbrücks Markenzeichen. Er ist so eine Art Harald Schmidt der Politik, wie jener gewöhnungsbedürftig, aber es lohnt sich. (Werner A. Perger, »Ich bin nicht süchtig« [...], *DIE ZEIT* 40, 29.09.2005, 2)

(16) Sie [= die Reklame] ist die große Vermittlerin, sozusagen der ökonomische Engel der Erlösung, etwas weniger marktfromm gesagt: die neue große Hure Babylon, die alle mit allem verkuppelt. (Ludger Lütkehaus, Wir haben genug. [...], *DIE ZEIT* 28, 07.07.2005, 36)

In (16) wird das Etablieren einer korrekten metaphorischen Lesart für *Engel der Erlösung* auch durch die Attribuierung mittels des Adjektivs *ökonomisch* unterstützt. Auch diese Signalisierung von metaphorischem Sprachgebrauch bei Nomen durch Hinzufügung eines wörtlich zu verstehenden Attributs ist häufig anzutreffen: Sie bewirkt einerseits die Verletzung semantischer Kombinationsregeln; andererseits verweist das Attribut auf den konzeptuellen Bereich, der mit Hilfe des metaphorisch zu verstehenden Nomens näher charakterisiert werden soll.

Aufgabe 1: Vergleichen Sie die Verletzung semantischer Selektionsbeschränkungen in (4), „Und dann erst diese wurmstichigen Regieeinfälle!", mit der in folgendem Satz: „Der Frau, die nun doch noch Kanzlerin werden will, mangelt es oft an politischer Musikalität." (Bernd Ulrich, [...] Angela Merkel muss [...] die Leute gewinnen, *DIE ZEIT* 41, 06.10.2005, 1). Erläutern Sie die Unterschiede, die sich für die Lesarten der Adjektive *wurmstichig* und *politisch* ergeben, wenn die Beispiele als metaphorische Äußerungen verstanden werden!

5.3 Verstehen von Metaphern

Im Hinblick auf das Verstehen metaphorischer Äußerungen stellt sich die Frage, wie der Bedeutungsanteil der Metaphern an der Äußerungsbedeutung zustande kommt und wie er beschrieben werden kann. In der Metaphernforschung ist oft behauptet worden, dass die Bedeutung von metaphorischen Äußerungen grundsätzlich nicht durch eine **Paraphrase**, also durch eine bedeutungsgleiche, erläuternde Umschreibung erfasst werden kann (vgl. Radtke 2001: 37–41). Als Argument für diese Position wird z. B. oft angeführt, dass die spezifische ästhetische Wirkung von Metaphern nicht paraphrasiert werden kann. Das ist sicherlich richtig, aber dies sagt nichts darüber aus, ob die mit der Metapher vermittelte spezifische semantische Information als Teil der Äußerungsbedeutung nicht paraphrasiert werden kann. Auch in Bezug auf die Ebene der Äußerungsbedeutung wird jedoch immer wieder behauptet, dass durch Metaphern ein nicht begrenzbarer Deutungsspielraum eröffnet wird. Demgegenüber sollte bedacht werden, dass die Rezipienten im Normalfall in der Lage sind, die Bedeutung eines metaphorisch gebrauchten Ausdrucks vor dem Hintergrund einer konkreten Kommunikationssituation – die z. B. auch beim Textverstehen gegeben ist (s. Kap. 6) – hinreichend genau zu bestimmen und sich auf eine plausible Lesart festzulegen. Eine solche Lesart kann durch eine Paraphrase ausgedrückt werden. Die Paraphrase hat – in einem gegebenen Kontext – dieselbe Äußerungsbedeutung wie die metaphorische Äußerung. Aus der Rhetorikgeschichte ist etwa das Beispiel (17) bekannt, das mit (18) paraphrasiert wird:

(17) Achill ist ein Löwe.
(18) Achill ist mutig.

Anhand der Paraphrase (18) lässt sich die **Substitutionstheorie** erläutern, die die Grundlage traditioneller Auffassungen von Metaphern ist (s. Black 1954): Sie besagt, dass ein Ausdruck metaphorisch verwendet wird, um einen eigentlich gemeinten Ausdruck (das so genannte „verbum proprium") zu ersetzen, zu substituieren. In (17) ersetzt demzufolge *ein Löwe* das eigentlich gemeinte *mutig*. Die Substitutionstheorie ist aber problematisch: Zum einen kann die Bedeutung einer Metapher häufig nicht mit nur einem Ausdruck wiedergegeben werden. In einer Paraphrase zu (17) könnten neben *mutig* z. B. auch *stark* und *überlegen* genannt werden. Zum anderen ist die Bedeutung, die ein Ausdruck bei metaphorischem Gebrauch vermittelt, oft nicht ohne Weiteres ableitbar: In Bezug auf (17) ist etwa aus heutiger Sicht nicht unbedingt einsichtig, wieso Löwen die menschliche Eigenschaft des Mutigseins besitzen sollten (im Altertum wurde angenommen, dass solche Eigenschaften bei Tier und Mensch identisch sind). Die Substitutionstheorie ist also zu starr, um der Vielfalt metaphorischer Bedeutung gerecht werden zu können, die wir im Folgenden beleuchten wollen.

Beim Verstehen von metaphorischen Äußerungen der Art X ist ein Y etablieren die Rezipienten eine spezifische Relation zwischen Konzept$_1$ (dem Zielbereich, bezeichnet durch X) und Konzept$_2$ (dem Ursprungsbereich, bezeichnet durch Y) (s. Schwarz-Friesel 2004). Die Relation der Konzepte wird im Normalfall als KONZEPT$_1$ IST WIE KONZEPT$_2$ BEZÜGLICH DER MERKMALE (bzw. DES MERKMALS) Z gedeutet. Die metaphorische Bedeutung zu paraphrasieren heißt, diese Merkmale (bzw. das Merkmal) Z explizit zu machen. In Bezug auf (17) wird also durch *mutig* in (18) das Merkmal MUTIG wiedergegeben. Wir können bei der Bedeutungsbeschreibung die Merkmale nur wieder mit Wörtern bezeichnen (s. Schwarz/Chur [5]2007: 34 f.). Wenn ein semantisches bzw. konzeptuelles Merkmal und nicht der sprachliche Ausdruck an sich gemeint ist, wird das durch Großschreibung gekennzeichnet.

Es gibt verschiedene Möglichkeiten, wie die Merkmale der metaphorischen Bedeutung verankert sein können: Die Merkmale Z können zum einen Teil der wörtlichen Bedeutung des metaphorisch gebrauchten Ausdrucks und damit semantisch sein. Sie können zum anderen Teil des Ursprungsbereiches, also des Konzeptes sein, auf das der Ausdruck referiert, dann handelt es sich um konzeptuelle Merkmale. Diese beiden Möglichkeiten soll das folgende einfache Beispiel verdeutlichen:

(19) Der Mann ist ein Löwe.

Wenn in einer bestimmten Kommunikationssituation der metaphorische Gebrauch von *ein Löwe* in (19) etwa als LANGHAARIG verstanden wird, so ist die metaphorische Bedeutung semantisch basiert, da LANGHAARIG Teil der Merkmalsmenge des Lexikoneintrags von *Löwe* ist, weil zu ihr der Merkmalskomplex MÄHNE (= 'langes, herabhängendes Haar', DUW) gehört. Wird *ein Löwe* z. B. in einem anderen Kommunikationskontext als VIEL SCHLAFEND verstanden, so ist die metaphorische Bedeutung dagegen konzeptuell bedingt, weil diese Eigenschaft nicht zur Wortbedeutung von *Löwe* gehört, sondern ein Teil des Konzeptes LÖWE ist: Um das Merkmal SCHLÄFRIG zu etablieren, müssen Rezipienten über das spezifische Weltwissen verfügen, dass männliche Löwen einen Großteil des Tages verschlafen.

In beiden Fällen besteht die Verstehensstrategie der Rezipienten darin, relevante Merkmale aus den Informationen auszuwählen, die mit dem Lexikoneintrag und dem angekoppelten Konzept gegeben sind, die in einem engen Verhältnis zueinander stehen und zusammen eine **kognitive Domäne** bilden (s. Schwarz 2000: 37–39). Jeder semantische Lexikoneintrag hat im Langzeitgedächtnis einen konzeptuellen Skopus, der sozusagen den enzyklopädischen Wissenskontext der jeweiligen Lexembedeutung darstellt. Dieses Weltwissen wird in kognitiven **Schemata (Frames, Skripts)** gespeichert (s. Schwarz ^{3}2008: 115–119). Während die semantische Bedeutung stabil ist, kann das enzyklopädische Weltwissen von Sprachbenutzer zu Sprachbenutzer erheblich variieren.

Besonders interessant sind Beispiele von metaphorischen Äußerungen, in denen die Merkmale der Metaphernbedeutung nicht zur kognitiven Domäne des metaphorisch gebrauchten Ausdrucks gehören:

(20) Der Mann ist ein Bulldozer.

In einer spezifischen Kommunikationssituation könnte (20) so verstanden werden, dass dem gemeinten Mann durch die metaphorische Verwendung von *ein Bulldozer* z. B. die Eigenschaft RÜCKSICHTSLOS zugesprochen wird. Dieses Merkmal ist nicht in der kognitiven Domäne von BULLDOZER verankert: Es gehört weder zur Wortbedeutung von *Bulldozer* noch ist es ein (ontologisch möglicher) Bestandteil des Konzeptes BULLDOZER, da es sich um eine menschliche Charaktereigenschaft handelt. Als Merkmal ist RÜCKSICHTSLOS deshalb **emergent**, weil es nicht einfach aus der kognitiven Domäne selektiert werden kann, sondern vor dem Hintergrund der Kommunikationssituation aktiv konstruiert und geschlussfolgert werden muss (s. Schwarz-Friesel 2004: 86 und ausführlich Skirl 2009). In der philosophischen Metaphernforschung ist zur Erklärung solcher Fälle von neuartiger Bedeutung durch Metaphern von Max Black (1954 und 1977) im Anschluss an Richards (1936) die **Interaktionstheorie** vorgeschlagen worden, nach der die erkenntnisfördernde neue Bedeutung durch die aktive Interaktion der Vorstellungen, die sich mit den beiden involvierten Begriffen verbinden, entsteht. Beim Verstehen einer Aussage wie (20) werden die kognitiven Wissensbestände von MANN und BULLDOZER konstruktiv in Beziehung gesetzt, so dass sich als Resultat ein Merkmal wie DURCHSETZUNGSSTARK ergeben kann (vgl. das von Black 1954 diskutierte Beispiel *Der Mensch ist ein Wolf*). Die Interaktionstheorie ist vor allem in der Psycholinguistik aufgegriffen worden

(s. Skirl 2009: 36). Übereinstimmungen mit der Interaktionstheorie weist die Anwendung der Theorie der konzeptuellen Integration, der so genannten „Blending Theory" (s. Fauconnier/Turner 2002), auf Fälle neuartiger Metaphorik auf (s. Grady/Oakley/Coulson 1999, s. Skirl 2009: 73–77).

Die Bedeutung von Metaphern kann oft auch über **Analogiebeziehungen** erläutert werden, die zwischen den Konzepten, auf die die metaphorische Äußerung referiert, bereits bestehen oder im Verstehensprozess erst konstruiert werden. Mit Analogie ist die Gleichheit oder Ähnlichkeit von Verhältnissen gemeint. In Bezug auf das *Bulldozer*-Beispiel könnte die innovative Bedeutung DURCHSETZUNGSSTARK aus der Analogie zwischen einem Bulldozer, der konkrete Hindernisse aus dem Weg räumt, und einem Mann, der Probleme beseitigt, Konkurrenten erfolgreich bekämpft usw. abgeleitet werden (s. Coenen 2002: 77 f.). Die Analogiebeziehungen sind für das Verstehen mancher Metaphern-Beispiele entscheidend:

(21) Die Hunde sind die Nachtigallen der Dörfer. (Jean Paul, *Ideen-Gewimmel*, 182)

Um (21) zu verstehen, müssen die Rezipienten über ihr Weltwissen die Analogie zwischen den Hunden, die in Dörfern leben und oft bellen, und den Nachtigallen etablieren, die in Wäldern leben und dort (vor allem nachts) ihre melodischen Gesänge anstimmen. Das Beispiel verdankt seine komische Wirkung dieser impliziten Gleichsetzung von Hundegebell und Nachtigallengesang: Beides sind Lautäußerungen von Tieren, aber das Gebell der Hunde wird von Menschen häufig als störend, der Gesang der Nachtigallen dagegen im Allgemeinen als wohltuend empfunden. Die aus diesem Gegensatz entstehende, vom Autor beabsichtigte komische Wirkung betrifft schon den kommunikativen Sinn (vgl. das folgende Kap. 5.4). Der Beitrag der metaphorischen Verwendung von *Nachtigallen* zur Äußerungsbedeutung könnte mit einem Merkmalskomplex wie GUT HÖRBARE LAUTE VON SICH GEBEND oder Ähnlichem paraphrasiert werden, der sowohl in der kognitiven Domäne von NACHTIGALL als auch von HUND enthalten ist.

Analogiebeziehungen sind auch wesentlich für das Verstehen von metaphorischen Äußerungen, in denen ein Konzept (oder mehrere Konzepte) über den Bezug zu mindestens zwei anderen Konzepten charakterisiert wird, die einer Kontrastrelation zueinander stehen. In (22) werden so die Konzepte BEREDSAMKEIT und WAHRHEIT in Analogie zum Unterschied zwischen den Konzepten NACHBAR und FREUND charakterisiert. In (23) werden verschiedene Bewertungsmöglichkeiten des Gekränktseins von Moslems, die ihre religiösen Gefühle verletzt sehen, in Analogie zum Verhältnis der Konzepte WUNDE und PFLASTER bzw. MEDIZIN beschrieben:

(22) Beredsamkeit und Wahrheit sind Nachbarn aber keine Freunde. (Jean Paul, *Ideen-Gewimmel*, 210)

(23) Und vielleicht ist es falsch, den Gekränkten zu bedauern, vielleicht ist ihm die Kränkung keine Wunde, sondern das Pflaster, eine stärkende Medizin, die ihm die Kraft für den Kampf gibt. (Jens Jessen, Ersehnte Kränkung. Was der Islam sich wünscht, *DIE ZEIT* 39, 21.09.2006, 49)

In der kognitiven Metapherntheorie von Lakoff und Johnson wird das Verstehen einer metaphorischen Äußerung der Form *X ist ein Y* so erläutert, dass Teile der konzeptuellen Struktur von Konzept$_2$ (dem Ursprungsbereich, bezeichnet durch *Y*) auf Konzept$_1$ (dem Zielbereich, bezeichnet durch *X*) projiziert werden (s. Lakoff 1993). Diese Bestimmung gilt vor allem für die Fälle, in denen eher abstrakte Konzepte, wie z. B. LIEBE, über den Bezug zu konkreteren Konzepten, wie z. B. REISE, charakterisiert werden. Die beim Verstehen von metaphorischen Äußerungen von Konzept$_2$ (Ursprungsbereich) auf Konzept$_1$ (Zielbereich) abgebildete konzeptuelle Struktur lässt sich als spezifische Konfiguration konzeptueller Merkmale beschreiben.

Aufgabe 2: Lakoff und Johnson betonen in ihrer Theorie der konzeptuellen Metapher, dass neue Metaphern vor allem über ihren Bezug zu bereits konventionell etablierten Konzeptkombinationen verstanden werden: Die Songzeile „Wir fahren auf der Überholspur auf der Autobahn der Liebe" (im Original: „We're driving in the fast lane on the freeway of love") werde über den Bezug zur Konzeptkombination LIEBE ALS REISE verstanden, die verschiedene Personen, ein gemeinsames Ziel und eine gemeinsame Weg dorthin impliziert (vgl. Lakoff 1993: 210, Lakoff/Johnson 1999: 66 f.). Überlegen Sie kritisch, welche Bedeutung die Songzeile haben könnte und welche Informationen zur Etablierung dieser Bedeutung entscheidend sind!

5.4 Kommunikative Funktionen von Metaphern

Die Sprachproduzenten benutzen Metaphern, um durch sie bestimmte Wirkungen bei den Rezipienten hervorzurufen, etwa die der Erkenntnisförderung, die des wertenden Beurteilens und der emotionalen Reaktion oder die Wirkung des Überzeugens oder auch des Akzeptierens von impliziten Handlungsempfehlungen, um nur einige zu nennen (s. Goatly [2]2011: 155–168). Oft können mit Metaphern mehrere Funktionen zugleich erfüllt werden. Die wichtigsten Funktionen von metaphorischem Sprachgebrauch werden wir im Folgenden in ihrer Auswirkung auf den kommunikativen Sinn von Äußerungen vorstellen.

In den Äußerungen, deren hauptsächliche Illokution die des Informierens ist, werden Metaphern zur Förderung von Erkenntnis im Sinne der **Explikation** und **Perspektivierung** eingesetzt, weil durch sie schwierig zu beschreibende und zu verstehende Sachverhalte über den Bezug zu anderen Konzepten veranschaulicht und erläutert werden. Die Erkenntnisfunktion wird über Exemplifizierung und Konkretisierung realisiert: Es werden abstrakte und/oder schwer zugängliche konzeptuelle Bereiche über den Bezug zu konzeptuellen Bereichen beschrieben, die konkret und beispielgebend sind. So spricht der Philosoph Peter Sloterdijk z. B. von der *Seele als Zornsparkasse*, um das Phänomen des angesammelten Zorns, der sich schließlich in Rache entlädt, anhand des Konzepts SPARKASSE zu erläutern (vgl. Peter Sloterdijk, *Zorn und Zeit*, 2006). Auf die Frage nach der Zukunft im 21. Jahrhundert angesichts des globalen politischen, sozialen und ökologischen Chaos, antwortet Sloterdijk einerseits mit dem Beispiel der Ausrottung der Indianer in (24) und andererseits in (25) mit der Vorstellung, die Menschheit befinde sich in einem *fahrerlosen Bus, der mit steigender Geschwindigkeit auf die Wand zurast*:

(24) Im Zusammenhang mit der Ausrottung der Indianer in Nordamerika habe ich einmal notiert: Die einzige tröstliche Vorstellung dabei ist, dass die Weltgeschichte ein Verbrechen ist, dass man nur einmal begehen kann. Heute sind wir alle Indianer vor der Ausrottung – die absehbare Geschichte unseres Verschwindens birgt wenig Trost. (Peter Sloterdijk, *DIE ZEIT* 34, 17.08.2006, 49)

(25) Wie bekannt, rasen wir mit Höchstgeschwindigkeit frontal auf eine Betonmauer zu, doch weil der Moment des Aufpralls eine Weile entfernt ist, bleibt man auf dem Gaspedal. Unsere größte Gefahr steckt in der Unfähigkeit, dreißig, fünfzig, hundert Jahre konkret vorauszufühlen. (Peter Sloterdijk, *DIE ZEIT* 34, 17.08.2006, 50)

An einem Beispiel wie (25) zeigt sich auch, dass Metaphern einen erheblichen Anteil beim Verstehen von Äußerungen als **indirekten Sprechakten** haben können (s. Schwarz-Friesel [2]2013: Kap. 2.2). Indirekte Sprechakte sind Äußerungen, bei denen die Rezipienten durch pragmatische Schlussfolgerungen eine Illokution (oder Illokutionen) erschließen, die von der explizit ausgedrückten Illokution abweicht. Schlussfolgerungen, mit denen Rezipienten Gemeintes erschließen, das über das explizit Gesagte hinausgeht, werden in der linguistischen Pragmatik als **Implikaturen** bezeichnet. Durch die metaphorische Äußerung in (25) wird explizit die Illokution der Behauptung realisiert. Durch die Drastik der metaphorischen Charakterisierung werden die Rezipienten aber auch erschließen, dass (25) indirekt eine weitere Illokution enthält, nämlich die der Aufforderung, etwas gegen die beschriebene Situation zu tun.

Eng verknüpft mit der Funktion der Explikation ist die der **Persuasion**, womit das intentional rezipientenbeeinflussende Überzeugen oder auch Überreden benannt wird (s. Schwarz-Friesel 2003). Eine metaphorische Äußerung wirkt persuasiv, wenn die Rezipienten die über die spezifische Konzeptverbindung etablierte Perspektivierung eines Sachverhalts als zutreffend und akzeptabel einschätzen. Explikation und Persuasion sind deshalb im Hinblick auf metaphorische Äußerungen auch nur schwer voneinander zu trennen. In (26) und (27) wird beispielsweise jeweils unterschiedlich das Scheitern der EU-Verfassung metaphorisch mit Bezug zum konzeptuellen Bereich MEDIZIN beschrieben:

(26) Das Scheitern der EU-Verfassung ist ein Knochenbruch, aber keine Querschnittslähmung. (Helmut Schmidt, Wir brauchen Mut. Europa hat viele Schwächen, aber am Ende ist es keineswegs, *DIE ZEIT* 24, 09.06.2005, 2)

(27) »Ich praktiziere zwar nicht mehr als Arzt, aber ich erkenne eine Leiche, wenn ich sie sehe.« Liam Fox, außenpolitischer Sprecher der britischen Konservativen, über die EU-Verfassung nach den Referenden (Worte der Woche, *DIE ZEIT* 24, 09.06.2005, 2)

In (26) wird die Ablehnung der EU-Verfassung in den Volksabstimmungen in Frankreich und den Niederlanden lediglich als *Knochenbruch* (und explizit als *keine Querschnittslähmung*) charakterisiert, in (27) dagegen wird die EU-Verfassung als *Leiche* dargestellt. Die Metaphern werden in den beiden Äußerungen als Teil einer persuasiven Strategie eingesetzt: Durch (26) sollen die Rezipienten davon überzeugt werden, dass die EU-Verfassung keineswegs am Ende ist, sondern immer noch zustande kommen kann (so wie ein Knochenbruch geheilt werden kann); in (27) wird das Gegenteil nahe gelegt (da eine Leiche nicht wieder zum Leben erweckt werden kann). Als indirekter Sprechakt würde (26) als Aufforderung verstanden, sich weiter um das Zustandekommen einer europäischen Verfassung zu bemühen, (27) demgegenüber als Aufforderung, solche Bemühungen wegen ihrer Nutzlosigkeit einzustellen.

Im Sinne persuasiver Strategien werden Metaphern oft dort eingesetzt, wo logisch zwingende Argumente fehlen. So begründet der bekannte Modeschöpfer Karl Lagerfeld in einem Interview seine

Haltung der Gleichgültigkeit gegenüber dem Tod mit der metaphorisch ausgedrückten Konzeptkombination LEBEN ALS FILM:

(28) *Welche Einstellung haben Sie zum Tod?*
      Überhaupt keine. Das ist ein Überraschungseffekt. Der Tod ist der Preis
      des Lebens, sonst wird das ja alles wertlos. Das Leben ist ein Film und
      wenn der abgelaufen ist, ist es aus. (Karl Lagerfeld im Interview, *BUNTE*
      51, 14.12.2006, 53)

Durch metaphorischen Sprachgebrauch können neben oder anstelle von Erkenntnisfunktion und Persuasion zwei weitere wichtige Funktionen erfüllt werden: Metaphern eignen sich – wie z. B. schon die metaphorische Verwendung von *Leiche* in (27) belegt – in hohem Maße zur Vermittlung von Werturteilen, also zur **Evaluation**, wenn mit den Konzepten, auf die die metaphorisch verwendeten Ausdrücke referieren, konventionell eine bestimmte positive oder negative Bewertung assoziiert wird. Jede Evaluation trägt zum Emotionspotenzial des Geäußerten bei: Über positive Evaluationen durch Metaphern drücken Sprachproduzenten angenehme Emotionen (wie z. B. Freude, Zuneigung usw.) aus, durch negative Evaluation dementsprechend unangenehme Emotionen (wie Ekel, Wut usw.) (s. zum Verhältnis von Sprache und Emotion sowie den Aspekten der Perspektivierung und Evaluierung ausführlich Schwarz-Friesel [2]2013). Werden die Bewertungen von den Rezipienten geteilt, so können die Metaphern bei ihnen ähnliche Emotionen auslösen, also die Funktion der **Emotionalisierung** erfüllen.

(29) Kaffee ist nur gut auf die italienische Art. Wie ihn die Deutschen trinken,
      das ist ja Jauche. (Karl Lagerfeld im Interview, *BUNTE* 51, 14.12.2006, 50)

In (29) drückt die metaphorische Verwendung von *Jauche* in Bezug auf *Kaffee* eine stark pejorative Evaluation und damit verbundene starke emotionale Ablehnung aus. In (30) wird die negative Emotion der Schuld beim Aussortieren von Büchern aus der eigenen Bibliothek – die metaphorisch als *Verbannte* bezeichnet werden – über eine stark negative Evaluation von Antiquariaten als *Gulag* beschrieben:

(30) Die Namen der Verbannten zu nennen, die aus plötzlich beengten Regal-
      Verhältnissen in den Gulag des deutschen Antiquariats verschickt wer-
      den, gehört sich eigentlich nicht. (Michael Naumann, So viele Bücher, so
      wenig Zeit!, *DIE ZEIT* 44, 26.10.2006, 68)

Dass Produzenten und Rezipienten von metaphorischen Äußerungen in ihrer Akzeptanz der evaluierenden und emotionalen Komponenten der Metaphern keineswegs übereinstimmen müssen, zeigt die Auseinandersetzung um die Selbstcharakterisierung von Ex-

Außenminister Joschka Fischer (Die Grünen) als *letzter Rock-'n'-Roller der deutschen Politik* (s. auch Kap. 7.2). Fischer hatte die Metapher zum Ausdruck einer positiven Evaluation gewählt, die in der Öffentlichkeit durchaus auf Kritik gestoßen ist, wie etwa das Statement (31) von Guido Westerwelle (FDP) belegt, der auch den deskriptiven Gehalt der Metapher in Frage stellt:

(31) ZEIT: Joschka Fischer sagt, er sei der letzte Rock-'n'-Roll-Politiker, jetzt komme die Playback-Generation.
Westerwelle: Eine bestenfalls amüsante Betrachtung. Was soll ich dann eines Tages mal sagen? Mit mir geht der letzte Playbacker, und jetzt kommen Karaoke und Nintendo? Wer sich selbst für das letzte Original und alle anderen für Kopien hält, der zeigt eine gewaltige Hybris gegenüber den Nachfolgern. (Guido Westerwelle im Interview, *DIE ZEIT* 40, 29.09.2005, 6)

Aufgabe 3: Aus der öffentlichen Debatte um die Aufnahme von Asylbewerbern ist z. B. der Begriff der *Asylantenflut* geläufig. Diskutieren Sie anhand dieses Beispiel und weiterer ähnlicher Beispiele, auf welche Konzeptualisierung die Begriffsbildung verweist, welche Evaluation und welches Emotionspotenzial sie beinhaltet und welche Handlungsaufforderung sie impliziert (s. Burkhardt 2003: 17)!

Weiterführende Literatur: Das Metaphernverstehen erläutert Abraham (1975) aus linguistischer und Schwarz-Friesel (2004) aus kognitionslinguistischer Perspektive. Die Bedeutungsebenen und ihr Bezug zum Metaphernverstehen diskutiert Bierwisch (1979); siehe auch Skirl (2009) und allgemein zur Schnittstellenproblematik Schwarz (2002). Zur Theorie der konzeptuellen Metapher von Lakoff und Johnson (1980) siehe auch Lakoff (1993) und Lakoff/Turner (1989). Die Neuausgabe von Lakoff/Johnson (1980), die 2003 erschienen ist, enthält ein aktuelles Nachwort mit weiterführenden Literaturangaben. Neuere Entwicklungen werden auch in Croft und Cruse (2004) vorgestellt. Kertész (2004) diskutiert wissenschaftstheoretische Aspekte. Facetten der Theoriekritik zeigt Skirl (2009). Keller (1995) erklärt Metaphern aus gebrauchstheoretischer Perspektive. Kommunikative Funktionen des metaphorischen Sprachgebrauchs werden von Goatly ([2]2011) besprochen. Metaphern als Ausdruck von Emotionen beleuchten Schwarz-Friesel (2011, [2]2013) und Skirl (2011). Das Perspektivierungs- und Emotionspotenzial von Metaphern als Teil persuasiver Strategien werden von Schwarz-Friesel und Skirl (2011) sowie von Schwarz-Friesel und Kromminga (2013) am Beispiel des massenmedialen Diskurses zu Terrorismus erörtert; siehe dazu auch Kirchhoff (2010). Zu psycholinguistischen Aspekten des Metaphernverstehens siehe vor allem Cacciari/Glucksberg ([2]1998), Glucksberg (2001) und Gibbs und Colston (2012).

6. Metaphern im Textzusammenhang

6.1 Metapher und kognitive Textverstehenstheorie

Metaphern spielen als Teil von textuellen Strukturen eine besondere Rolle beim Verstehen von **Texten**, die wir als komplexe sprachliche Einheiten bestimmen. Da wir uns mit Metaphern in verschiedenen Textsorten ausführlich in Kap. 7 und 8 beschäftigen, beschränken wir uns in diesem Kapitel auf die Darstellung von grundsätzlichen Aspekten.

Textverstehen ist ein konstruktiver kognitiver Prozess, bei dem Rezipienten eine mentale Repräsentation erstellen, in die einerseits die sprachlich expliziten Informationen des Textes und andererseits auch darüber hinaus aktivierte konzeptuelle Informationen aus dem Langzeitgedächtnis einbezogen werden. Die geistige Repräsentation, in der die Text-Referenten und ihre spezifischen Relationen zueinander abgebildet sind, ist das mentale **Textweltmodell** (s. dazu Schwarz-Friesel 2007: 224–227). Das Textweltmodell ist demnach eine komplexe, konstruktiv erstellte mentale Repräsentation des im Text Dargestellten, die immer mehr Informationen enthält, als im Text tatsächlich sprachlich explizit kodiert sind (s. dazu ausführlich Schwarz 2000: 36–46).

Metaphern werden im Sprachrezeptionsprozess vor dem Hintergrund des bereits vom Rezipienten etablierten Textweltmodells identifiziert und verstanden. Wir haben im vorigen Kapitel bereits gezeigt, dass das Erkennen von metaphorischer Sprachverwendung oft stark vom textuellen Zusammenhang abhängt (s. Bsp. (6) und (7) in Kap. 5.2) und dass auch in Texten, die fiktive Welten beschreiben, Metaphern vorkommen und als solche erkannt werden können (s. Bsp. (12) in Kap. 5.2).

Aus textlinguistischer Perspektive, in der es um satzübergreifende Verknüpfungs- und Kontinuitätsrelationen geht, sind besonders die Fälle von Metaphorik von Interesse, in denen die Kombination zweier konzeptueller Bereiche über mehrere Sätze hinweg durch verschiedenste sprachliche Manifestationen realisiert wird (s. auch Kap. 6.2). Es handelt sich um **fortgesetzte Metaphern**, die umfangreichere **Metaphernkomplexe** bilden. In folgendem Textausschnitt wird das Verhältnis von Dichtung und Philosophie detailliert mithilfe von Metaphern beschrieben:

(1) Die Philosophie ist, zumindest in unsren Breiten, eine griechische Pflanze, und sie wuchs, zunächst als dunkles Unkraut am Wegrand, später in den Gewächshäusern der Platon und Aristoteles, aus dem Boden des weitaus älteren Epos – das heißt aus der fruchtbaren Text-Erde homerischer Heldengesänge, dem Humus der Lehr- und Welterschaffungsgedichte des Hesiod. Anders gesagt, sehr verkürzt und brutal: Sie ist ein Nebenprodukt der großen Erzählungen, die lange vor ihr da waren und das meiste schon wußten. In ihrem Schatten gedeiht sie als Arabeske und Kommentar, bevor sie sich eines Tages als Spruchweisheit emporreckt und in den Rätsel- und Orakelreden der Vorsokratiker zur wilden Sonnenblume erblüht. (Durs Grünbein, Die Stimme des Denkers. Dankrede zum Nietzsche-Preis, *Sinn und Form* 1/2005, 50–58, hier 54)

Die mentalen Repräsentationen der Referenzgegenstände aus den konzeptuellen Bereichen PHILOSOPHIE und DICHTUNG (als Zielbereichen) werden systematisch mit Repräsentationen von Referenzgegenständen aus dem konzeptuellen Bereich PFLANZEN-WELT (als Ursprungsbereich) verbunden. Die beiden Zielbereiche werden in Analogie zum Ursprungsbereich konzeptualisiert (vgl. Kap. 5.3). Die dadurch etablierten Relationen stellen jeweils spezifische Charakterisierungen der Zielbereichskonzepte durch Konzepte aus dem Ursprungsbereich dar. Diese Informationen sind zusammenhängend im mentalen Textweltmodell repräsentiert.

Metaphernkomplexe können sämtliche der in Kap. 2 beschriebenen Realisationsformen von Metaphern enthalten: In (1) finden sich etwa die Substantivmetaphern *Unkraut*, *Boden*, *Text-Erde*, *Humus* und *Sonnenblume*, die Adjektivmetaphern *fruchtbar* und *wild* sowie die Verbmetaphern *wuchs*, *gedeiht* und *emporreckt*.

6.2 Metaphernverstehen und Kohärenzetablierung

Das Verstehen von metaphorischem Sprachgebrauch in Texten ist eine Frage der Etablierung von **Kohärenz**. Unter Kohärenz versteht man den inhaltlichen Zusammenhang eines Textes. Kohärenz wird von uns definiert als inhaltliche Kontinuität in einem umfassenden Sinn, die alle im Text enthaltenen Relationen betrifft, die den inhaltlichen Zusammenhang konstituieren (s. Schwarz-Friesel 2006, 2007). Kohärenz wird beispielsweise beim Verstehen von Metaphernkomplexen etabliert, wenn die systematische Charakterisierung eines Zielbereichs durch einen Ursprungsbereich inhaltlich nachvollziehbar ist.

Die inhaltliche Kontinuität kann auch dadurch entstehen, dass die Textinformationen sich plausibel auf ein einheitliches, übergeordnetes Thema beziehen, wodurch **globale Kohärenz** etabliert wird. Auch dafür kommen Metaphern in Frage.

In Günter Grass' Autobiographie etwa wird globale Kohärenz schon durch den metaphorischen Titel *Beim Häuten der Zwiebel* etabliert: Das Abtragen der einzelnen Zwiebelschichten steht als Metapher für den Erinnerungsprozess, in dem der Autor sich Ereignisse seiner Lebensgeschichte vergegenwärtigt. Die Metapher wird zu Beginn des Buches (zunächst als Vergleich) eingeführt, wie (2) und (3) belegen, und an verschiedenen Stellen des Textes wieder aufgegriffen und modifiziert, wofür (4) und (5) Beispiele geben:

(2) Wenn ihr mit Fragen zugesetzt wird, gleicht die Erinnerung einer Zwiebel, die gehäutet sein möchte [...]. (Günter Grass, *Beim Häuten der Zwiebel*, 9)

(3) Die Zwiebel hat viele Häute. Es gibt sie in Mehrzahl. Kaum gehäutet, erneuert sie sich. Gehackt treibt sie Tränen. Erst beim Häuten spricht sie wahr. (Günter Grass, *Beim Häuten der Zwiebel*, 10)

(4) Auch erinnere ich mich nicht, an was ich mich damals bis ins schmerzhaft Einzelne erinnert habe. Die Zwiebel verweigert sich. (Günter Grass, *Beim Häuten der Zwiebel*, 340)

(5) So lebte ich fortan von Seite zu Seite und zwischen Buch und Buch. [...] Doch davon zu erzählen, fehlt es an Zwiebeln und Lust. (Günter Grass, *Beim Häuten der Zwiebel*, 479, Schluss des Buches)

In Grass' Autobiographie wird über die Zwiebel-Metapher globale Kohärenz etabliert, die Metapher selbst kommt im Text aber nur an einigen wenigen Stellen vor.

Es gibt (wie bereits in Kap. 6.1 gezeigt) des Öfteren auch Texte oder längere Abschnitte von Texten, in denen konzeptuelle Bereiche über Metaphernkomplexe miteinander kombiniert werden. In Durs Grünbeins Text *Aus einem alten Fahrtenbuch* wird Kohärenz dadurch gewährleistet, dass das Verhältnis zwischen Schriftsteller und Sprache kontinuierlich als das zwischen einem Panzerinsassen und seinem Fahrzeug charakterisiert wird. Die Konzeptkombinationen von SPRACHE (Zielbereich) und PANZER (Ursprungsbereich) sowie von SCHRIFTSTELLER (Zielbereich) und PANZERIN-SASSE (Ursprungsbereich) wird durch viele Metaphern sprachlich manifestiert, wie schon der Anfang (6) belegt:

(6) ... sitzend im Panzer der Sprache, fahren bis an die vordersten Linien des Draußen, dorthin wo das Gemetzel beginnt. Der Panzer beschützt mich, er ist rundum vernietet, aus stählernen Platten gebaut, stabile Grammatik. [...] Auf dem Platz des Bordkanoniers, wo ich sitze und durch den engen

Sehschlitz nach außen spähe, ist es angenehm kühl. (Durs Grünbein, *Falten und Fallen*, 83)

Die Kohärenz in Texten wird hauptsächlich durch die sprachliche Wiederaufnahme von Referenten gewährleistet. In dem ausschnitthaft in (6) zitierten Text wird **lokale Kohärenz**, d. h. der inhaltlich plausible Zusammenhang zwischen benachbarten Sätzen, an vielen Stellen durch die Wiederaufnahme des Referenzkonzeptes PANZER mithilfe von Ausdrücken wie *der Panzer, er* oder *das Fahrzeug* gewährleistet.

Solche definiten Ausdrücke, die bereits eingeführte Referenten wiederaufnehmen, werden in der Linguistik als **(direkte) Anaphern** bezeichnet (s. Schwarz-Friesel 2007: 237). Metaphorische Anaphern sind ein spezieller Fall von Anaphorik (s. dazu ausführlicher Skirl 2007): Während in (6) die Anapher *der Panzer* z. B. eine bereits etablierte Metapher wieder aufgreift, wird in (7), der Schilderung einer Straßenbahnfahrt, die Metapher sogar durch die direkte Anapher *die Waffen* erst eingeführt:

(7) [Die Musikschülerin Erika] schlägt ihre Streich- und Blasinstrumente und die schweren Notenhefte den Leuten in die Rücken und Vorderfronten hinein. In diese Speckseiten, die ihr die Waffen wie Gummipuffer zurückfedern lassen. (Elfriede Jelinek, *Die Klavierspielerin*, 18 f.)

Der definite Artikel in *die Waffen* signalisiert dem Rezipienten, dass der Referent der Nominalphrase (NP) bereits bekannt bzw. lokalisierbar sein muss. Deshalb interpretiert er *die Waffen* als metaphorisch gebrauchten Ausdruck, mit dem erneut auf die Gegenstände referiert wird, die zuvor durch die NP *ihre Streich- und Blasinstrumente und die schweren Notenhefte* eingeführt wurden (und den Zielbereich der metaphorischen Charakterisierung darstellen). Gleichzeitig referiert die definite NP auf das Konzept WAFFEN, das als Ursprungsbereich für die metaphorische Beschreibung fungiert. Metaphorische Anaphern können demnach die Doppelfunktion erfüllen, zum einen auf ein bereits eingeführtes Referenzobjekt erneut Bezug zu nehmen und dieses Referenzobjekt zum anderen metaphorisch zu charakterisieren.

Mit definiten NPs kann aber nicht nur auf bereits eingeführte, sondern auch auf lediglich implizit vorerwähnte Referenten Bezug genommen werden. In (8) findet sich noch ein Satz aus dem weiter oben anhand von (6) schon besprochenen Text, in dem die Konzeptkombination SPRACHE ALS PANZER durch viele Metaphern sprachlich manifestiert wird:

(8) Jahre später fällt mein Blick auf die Instrumententafel beim Fahrer mit ihren Schaltern und Meßgeräten im schwachen Licht der Kontrollampen. (Durs Grünbein, *Falten und Fallen*, 87)

In (8) wird die definite NP *die Instrumententafel* verwendet, da das Konzept INSTRUMENTENTAFEL Teil des Konzeptes PAN-ZER(INNERES) ist und deshalb schon durch die Referenz auf dieses Konzept mitaktiviert wird und somit als bekannt vorausgesetzt werden kann. Bei solchen definiten NPs, die Teile von bereits eingeführten Referenzkonzepten zum ersten Mal benennen, handelt es sich um **indirekte Anaphern** (s. Schwarz-Friesel 2007: 237 f. und im Detail Schwarz 2000). Das Beispiel (8) belegt, dass es sich auch im Falle von indirekten Anaphern um Metaphern handeln kann. Indirekte metaphorische Anaphern kommen in Metaphernkomplexen häufig vor.

Über metaphorische Anaphern (direkter und indirekter Art), aber auch über die anderen satzübergreifenden Formen der sprachlichen Manifestation von (inhaltlich plausiblen) Metaphern, wird beim Textverstehen Kohärenz etabliert.

Aufgabe 1: Bestimmen und erläutern Sie die verschiedenen Metaphern des folgenden Textes im Hinblick auf die Etablierung von Textkohärenz: „Tatsächlich ist ja das viel geschmähte Raumschiff Bonn weitgehend unverändert in Berlin-Mitte gelandet – und wie am Rhein scheint die Besatzung an der Spree manchmal zu fürchten, ihr bleibe die Luft weg, wenn sie ihre Kapsel verlässt. Das Café Einstein ist von freundlicher Halbwärme – es ist zu geschäftsmäßig, um sich darin im Ernst zu verkriechen, aber es ist weit entfernt von jenen Berliner Business-Lokalen, deren Stahlcharme an die Transitlounge eines Airports erinnert. Vielleicht lässt sich damit die Beliebtheit des Cafés Einstein bei der Klientel der politischen Raumfahrer erklären: Es ist eine Art Luftschleuse. Wer sich hierher begibt, der ist nicht mehr ganz drinnen im Raumschiff, aber auch noch nicht ganz draußen, wo der raue Wind der Wirklichkeit weht." (Patrick Schwarz, Frohsinn im Café Ratlos [...], *DIE ZEIT* 40, 29.09.2005, 4)

6.3   Metaphernverstehen und Kotextualisierung

Um metaphorischen Sprachgebrauch in Texten verstehen zu können, benötigen Rezipienten in einigen Fällen zusätzliches konzeptuelles Wissen. Das gilt besonders für kreative und innovative Metaphern, die einzeln auftreten, also nicht Teil eines Metaphernkomplexes sind, über dessen Relationsgefüge sie verstanden werden könnten.

Spezifisches Wissen ist beispielsweise erforderlich, um die Metapher *Teflonmann* im folgenden Textausschnitt (9) zu verstehen:

(9) In Blackpool ist viel vom Labour-Führer die Rede, von Tony Blair, dem „Teflonmann", der „politischen Elster", dem „Ideendieb". Doch die Kaskade der Spottworte unterstreicht nur, wie unheimlich der Labour-Chef den Tories ist. (Jürgen Krönig, Angst im Nacken. Auf dem Parteitag der britischen Konservativen trumpfen die Rechten auf. [...], *DIE ZEIT* 42, 13.10.1995, 14)

Die Metapher *Teflonmann* in (9) könnte z. B. so verstanden werden, dass dem Zielbereich, dem Individuenkonzept TONY BLAIR, die Merkmale UNANGREIFBAR und OPPORTUNISTISCH zugesprochen werden. Diese finden sich weder in der kognitiven Domäne von TEFLON, noch sind sie im **Kotext**, d. h. der sprachlichen Umgebung, erwähnt. Der Kotext bietet auch keine Hinweise, die eine bestimmte Lesart von *Teflonmann* nahe legen würden. Die betreffenden Merkmale sind emergent (s. Kap. 5.3) und müssen vom Rezipienten allein vor dem Hintergrund seines spezifischen Weltwissens über den Ursprungsbereich TEFLON (als einem hitzebeständigen Kunststoff, der nicht auf chemische Einwirkungen reagiert) und über Tony Blair konstruktiv, d. h. über **Inferenzen** erschlossen werden (s. Schwarz 2000: 89).

Oft steuern die Textproduzenten aber das Verstehen von Metaphern, indem sie spezifizierende Informationen in den Kotext aufnehmen, die dem Rezipienten das Verstehen erleichtern, weil sie eine spezifische Lesart des metaphorisch gebrauchten Ausdrucks determinieren oder nahe legen. Diese Strategie der Produzenten, das Verstehen von metaphorischem Sprachgebrauch sprachlich explizit zu steuern, nennen wir **Kotextualisierung**. In (10) findet sich wieder die Metapher *Teflon-Mann*, sie wird jedoch im Kotext, und zwar im folgenden Satz, durch *nichts bleibt kleben* erläutert, so dass die Lesart AALGLATT (im Sinne von 'unangreifbar') nahe gelegt wird:

(10) Bislang hatte sich der Labour-Chef als Teflon-Mann erwiesen. Welches Etikett die Konservativen ihm auch anhängten – Ideendieb, Stalin, Bambi oder der Wolf im Schafspelz von New Labour, nichts bleibt kleben. (Jürgen Krönig, Blair ist zu populär, *DIE ZEIT* 35, 23.08.1996, 6)

Beispiele wie (10) finden sich in natürlichsprachlichen Texten häufig: Die Produzenten sichern durch Kotextualisierung ab, dass die von ihnen benutzten Metaphern von den Rezipienten im intendierten Sinne verstanden werden.

Man kann dabei noch zwischen zwei verschiedenen Arten kotextueller Information unterscheiden, nämlich zwischen determinie-

70

render und restringierender (s. Skirl 2009: 162–165). **Determinierende Kotextualisierung** liegt vor, wenn die intendierte Bedeutung der metaphorischen Verwendung eines Ausdrucks im Kotext explizit erwähnt wird wie in (11):

(11) Der Mann ist ein Bulldozer. Er ist wirklich sehr durchsetzungsstark.

Restringierende Kotextualisierung liegt dagegen vor, wenn der Bedeutungsspielraum der metaphorischen Verwendung eines Ausdrucks durch explizite Hinweise im Kotext eingeschränkt und dadurch eine spezifische Deutungsrichtung nahe gelegt wird. Die intendierte Bedeutung wird aber nicht explizit erwähnt, wie etwa in (12):

(12) Der Mann ist ein Bulldozer. Er eignet sich als Türsteher.

Aufgabe 2: Beschreiben und erläutern Sie, wie die Metaphern des folgenden Textabschnitts verstanden werden: „Ich werde Unausgegorenes sagen und simpel Sehnsüchtiges. Was ich Ihnen also anbiete, ist ein Ei mit einer Schale aus Stein: Ich weiß, da drinnen ist das Leben – aber ich weiß auch: wir werden noch sehr lange darüber brüten müssen – kurz: ich werde über das Leben sprechen, wie es ist: immer noch ein inneres Zucken, ein noch uneingelöstes Versprechen." (Robert Menasse, *Die Zerstörung der Welt als Wille und Vorstellung. Frankfurter Poetikvorlesungen*, 16)

Weiterführende Literatur: Die kognitive Theorie der Textweltmodelle sowie die Theorie der textuellen Kohärenz wird in Schwarz-Friesel (2007) einführend und in Schwarz (2000) detailliert dargestellt. Metaphernverstehen in Textzusammenhängen erläutert Skirl (2009) ausführlich. Metaphorische Anaphern werden von Skirl (2007) besprochen. Die Metaphernverwendung in Texten stellt Beckmann (2001) exemplarisch am Lexem *Datenautobahn* dar.

7. Metaphern in den Massenmedien

7.1 Massenmediale Kommunikation und Metaphern

> *Medien nutzen Metaphern gern. Das gilt besonders für Massenmedien.* (Schmitz 2004: 117)

Wir sind von einer großen Fülle an massenmedialen Angeboten umgeben und nutzen sie auf vielfältige Art, z. B. zur Information oder zur Unterhaltung. Im Gegensatz zur Face-to-Face-Kommunikation ist massenmediale Kommunikation einseitig und indirekt: Wir sind die Empfänger, die Konsumenten der medialen Botschaft und stehen nicht in direktem Kontakt zu deren professionellen Machern.

Was wir als gesellschaftliche Öffentlichkeit erleben, wird uns durch Massenmedien wie Fernsehen, Rundfunk und Presse vermittelt (s. Schmitz 2004, Burger [3]2005). Die aktuellen gesellschaftlichen Themen und Diskussionen werden dabei von den Massenmedien nicht einfach nur wiedergegeben, sondern von ihnen aktiv mitgestaltet, da sie aus den möglichen Themen eine Auswahl treffen und deren Darstellung inszenieren sowie spezifische Werte erzeugen.

In dieser inszenierten Darstellung spielen Metaphern eine große Rolle, weil sie sehr häufig benutzt werden, beispielsweise um komplexe Sachverhalte der gesellschaftlichen Wirklichkeit vereinfacht und auf eindrückliche Weise zu veranschaulichen. Dabei wird in den Massenmedien oft auf konventionelle Metaphern zurückgegriffen, weil sie auf kulturell bereits fest etablierte Konzeptualisierungen verweisen und somit problemlos anschlussfähig und verständlich sind. Ein bekanntes Beispiel ist die Darstellung von SPORT ALS KRIEG, wie sie in Bezug auf den Fußball in folgender Formel zusammengefasst ist:

(1) Fußball: Die ganze Welt des Kampfes, des Sieges und des Untergangs.
     (Hartmut Böhme, Der Ball der Göttin, *DIE ZEIT* 33, 10.08.2006, 33)

Im massenmedialen Diskurs werden aber auch oft kreative und innovative Metaphern verwendet. Beispielsweise geschieht das, um komplizierte Phänomene unter einer neuen, ungewohnten Perspektive zu betrachten. So findet sich beispielsweise in (2) eine metaphorische Charakterisierung der Situation moderner Menschen, die auf die Konzeptkombination LEBEN ALS BLINDFLUG hinausläuft:

(2) Die Moderne versucht uns ein schönes Bild vom Individuum schmackhaft zu machen: Wir sitzen als Piloten am Steuerknüppel unseres Lebens und manövrieren es durchs Gelände der Zivilisation. Doch haben wir weder ein Ziel noch einen Auftrag, vom Pilotenschein gar nicht zu reden. Wir verfügen bloß über unendlich viele Apparate, die uns darüber hinwegtäuschen, dass es sich um einen lebenslangen Blindflug handelt. (Walter van Rossum, Die Selbstmördertruppe, *DIE ZEIT* 29, 2005, 49)

Das Wechselspiel des Gebrauchs von konventionellen und unkonventionellen Metaphern in Massenmedien wird von Schmitz (2004: 116 f.) wie folgt erläutert:

Metaphern sind sprachliche Instrumente des Denkens, mit denen Altes neu gesehen und Neues alten Mustern zugeordnet wird. So vollzieht sich Metaphorisierung immerzu als ein Kampf um verfestigende Vorgabe (Ideologie) und umwälzende Infragestellung (Neusicht). Metaphern öffnen und schließen Perspektiven, sie erlauben neuartige Deutungen und kanalisieren vereinfachende Weltbilder. [...] So bewegen sich auch Metaphern in Massenmedien im dauernden Wechselspiel von Innovation und Befestigung.

Kreative und innovative Metaphern werden in Massenmedien aber nicht nur verwendet, um neue Einsichten in die komplexen Zusammenhänge der gesellschaftlichen Wirklichkeit zu gewährleisten. Sie werden oft auch mit dem Ziel verwendet, aufgrund ihrer Expressivität die Aufmerksamkeit der Mediennutzer zu erregen. Die verschiedenen Medienangebote stehen schließlich in einem harten Konkurrenzkampf um die Gunst des Publikums, d. h. um Marktanteile.

Wir werden in diesem Kapitel vor allem kreative und innovative, aber auch konventionalisierte und klischeehafte Metaphern in Printmedien vorstellen.

7.2 Metaphern in politischer Berichterstattung und in der Politik

Wer [...] öffentliche Aufmerksamkeit erringen will, kommuniziert von vornherein schon im Hinblick auf massenmediale Bedingungen. Diese prägen deshalb öffentlichen Sprachgebrauch und politische Kommunikation gleich welcher Art und nicht immer zu ihrem Vorteil. (Schmitz 2004: 19)

In politischer Berichterstattung dienen Metaphern dazu, Aussagen über politische Handlungen und politisch relevante Vorgänge so zu treffen, dass sie trotz der äußerst komplexen Bedingungen von Politik im In- und Ausland und vor dem Hintergrund der globalisierten Welt wesentliche Aspekte erfassen und auf anschauliche Weise verständlich machen. Treffende Metaphern sind wegen ihrer Prägnanz sehr beliebt für Überschriften. Häufig finden sich etwa in Deutschlands meist verkaufter Wochenzeitung *DIE ZEIT* metaphorische Überschriften, die die Aufmerksamkeit auf sich ziehen, die Kernaussage des Artikels knapp zusammenfassen und in den Unterzeilen durch spezifische Informationen erläutert werden, wie z. B. in:

(3) Nichts als Wortgefechte.
     Tatenlos schaut Europa dem Völkermord in Darfur zu. Weil im Sudan nur Schwarze sterben? (*DIE ZEIT* 44, 26.10.2006, 1)
(4) Lautsprecher im Nachrichtenkrieg.
     Konkurrenz für CNN und BBC – mit seinem neuen englischsprachigen Programm will der arabische Nachrichtensender al-Dschasira an der politischen Deutung der Welt teilhaben (*DIE ZEIT* 49, 30.11.2006, 6)
(5) Wieder Frontstadt.
     Berlin war hip und arm und Avantgarde. Nun fühlen sich die Stadt und ihr Bürgermeister allein gelassen. (*DIE ZEIT* 49, 30.11.2006, 6)

Aber auch in den Artikeln selbst finden sich oftmals metaphorische Charakterisierungen. Die Niederlage beispielsweise, die Berlin mit seiner Forderung nach Bundeszuschüssen zur Sanierung seines Haushalts im Oktober 2006 vor dem Bundesverfassungsgericht erlitten hat – die Konsequenzen werden in (5) angesprochen – sowie die hämischen Reaktionen darauf in einigen Bundesländern hat Jens Jessen etwa in einer Polemik in Form einer fortgesetzten Metapher, und zwar einer kreativen Personifikation Berlins erläutert:

(6) Die schadenfrohe Fratze wird noch lange in Erinnerung bleiben, mit der die westdeutsche Provinz auf die Niederlage Berlins vor dem Verfassungsgericht reagierte. Kein Geld für die parasitäre Hauptstadt! Das war eine gute Nachricht. Kein Geld für den Hochstapler, der Bonn die Regierung weggenommen hat. Kein Geld für den Bruder Leichtfuß, der sich im Glanze von Opern, von Museen, Theatern, Debattenzirkeln sonnt, die er nicht bezahlen kann. Kein Geld für den Kuppler, der Ost und West zusammenführt, die nicht zusammengehören. Kein Geld für den schillernden Verführer der Jugend, der die Töchter in die Boheme der glücklichen Arbeitslosen lockt. Arm, aber sexy hat der Bursche sich genannt. Das war ein Fehler. Es sind immer die größten Fehler, die der Wahrheit am nächsten kommen. Arm, aber sexy ist genau die Charakterisierung eines Schwiegersohns, der ehrbare Bürger in ihren Albträumen heimsucht. (Jens Jessen, Hauptstadt der Unterschicht, *DIE ZEIT* 44, 26.10.2006, 61)

Nicht immer ist politische Berichterstattung so originell wie in diesem Beitrag über Berlin (der im Kulturteil der *ZEIT* erschienen ist). Für das Reden über alltägliche, bekannt erscheinende Vorgänge in der Politik steht den journalistischen Berichterstattern bereits ein

Reservoir von konventionellen, lexikalisierten Metaphern zur Verfügung, die auf kulturell verankerte Konzeptualisierungen verweisen. Die Printmedien entnommenen Beispiele in (7) bis (11) sind Belege für die allgemein bekannten Konzeptualisierungen von POLITIK ALS (GLÜCKS-)SPIEL in (7), POLITIK ALS THEATER in (8), POLITIK ALS SPORTWETTKAMPF in (9), POLITIK ALS HANDEL in (10) oder POLITIK ALS KRIEG in (11) (Baldauf 1997: 185–191, 214), für die sich viele weitere konventionelle Beispiele finden lassen:

(7) Trumpf; Politikspiel; Interessenpoker; Joker; Karten überreizt haben
(8) Schauspiel; Spektakel; Trauerspiel; hinter den Kulissen; Neuinszenierung, politische Bühne; Nebenbühne; Publikum
(9) Wettkampf; Hürdenrennen, Marathonlauf; Schlußspurt; Kopf an Kopf ins Ziel gehen
(10) Handel; das alltägliche Geschäft des Regierens; politisches Tauschgeschäft; Ausverkauf; egoistische Rechnungen
(11) Wahlkampfwaffe, Kampfeinheit, Truppen, an vorderster Front, Manöver, Marschroute, Parteischarmützel, Minenfeld

Solche gängigen Metaphorisierungen werden natürlich auch von den handelnden politischen Akteuren, den Spitzenpolitikern selbst verwendet. In der folgenden Passage zitiert *Spiegel-Online* aus einer Wahlkampfrede des CSU-Vorsitzenden Edmund Stoiber vom Sommer 2005, in der er Metaphern verwendet, die auf die Konzeptualisierung POLITIK ALS SPORTWETTKAMPF am spezifischen Beispiel FUSSBALL verweisen:

(12) So flogen den frierenden Zuhörern auch in Hamburg die Zahlen und Daten nur so um die Ohren, um Stoibers Schlussfolgerungen in seinem liebsten rhetorischen Mittel verpackt serviert zu bekommen: dem Fußballvergleich. Deutschland stehe am Tabellenende. 'Und wenn jemand als Trainer eine Mannschaft auf den letzten Tabellenplatz geführt hat und dort bleibt, kann er nicht sagen, wir hätten eine tolle Mannschaft', sagte Stoiber mit Blick auf den Kanzler. Wer Weltmeister werden wolle, müsse Brasilien schlagen und nicht gegen Brasilien demonstrieren, so zieht er die Lehre aus den Herausforderungen der wirtschaftlichen Globalisierung. Und starke Gewerkschaften und Kündigungsschutz würden zum 'Stein im Rucksack der Spieler'. (*spiegel-online*, 10.08.2005)

Aufgabe 1: Finden Sie die metaphorisch gebrauchten Ausdrücke in (12) heraus. Auf welche spezifischen Aspekte des konzeptuellen Ursprungsbereiches FUSSBALL geht Stoiber ein? Wie beurteilen Sie in diesem Zusammenhang die Rede vom *Stein im Rucksack der Spieler*?

Die Vorliebe der Massenmedien für expressive Sprachverwendung führt dazu, dass Politiker durch einfallsreichen metaphorischen Sprachgebrauch erheblich ihre Chancen erhöhen können, im massenmedialen Diskurs wahrgenommen und von verschiedenen Medien zitiert zu werden, wie auch schon (12) belegt. Professionelle Politiker sind sich des Vorteils prägnanter Metaphern bewusst. Sie passen ihre Sprachgewohnheiten allgemein den realen Gegebenheiten der Massenmedien mit ihrer Bevorzugung von ausdrucksstarken, vereinfachenden und verknappten Darstellungen an. In einem Interview von 2006 mit dem damaligen FDP-Vorsitzenden Guido Westerwelle findet sich z. B. folgende Passage:

(13) *ZEIT:* Kommen wir noch einmal zur Union. Angela Merkel ist Ihre Duz-Freundin, Sie haben mit ihr oft über den Reformbedarf in Deutschland geredet. Hat die Kanzlerin ihre alten Überzeugungen abgelegt?
Westerwelle: Ich kann die Metamorphose von Maggie Thatcher zu Frau Holle nur dadurch erklären, dass die Kanzlerin eingemauert ist von Sozialdemokraten mit rotem und schwarzem Parteibuch. (*DIE ZEIT* 12, 16.03.2006)

Der mediale Erfolg der innovationsfreudigen Metaphern von Westerwelle zeigt sich u. a. darin, dass die *ZEIT* dem Interview, das ansonsten keine auffälligen Metaphern enthält, den Titel »*Frau Holle im Kanzleramt*« gegeben hat und dass die *Wirtschaftswoche* (13, 27.03.2006, 203) die Zeile *„Von Maggie Thatcher zu Frau Holle."* (Guido Westerwelle) in ihre Auswahl der wichtigsten Zitate der Woche aufnahm.

Die metaphorische Charakterisierung der Christdemokraten als *Sozialdemokraten mit [...] schwarzem Parteibuch* war dabei Teil der gezielten öffentlichen Oppositionsarbeit der FDP, wie folgende Äußerung von Fraktionsvize Rainer Brüderle belegt:

(14) „Wir werden von zwei sozialdemokratischen Parteien regiert. Eine ist rot angestrichen, die andere schwarz angestrichen, und beide sind falsch programmiert." (Rainer Brüderle, FDP-Fraktionsvize) (*Focus* 26, 2006, 58)

Da Metaphern in der massenmedialen Darstellung von Politik eine große Rolle spielen, tun sie das – wie schon (12) bis (14) zeigen – vor allem auch in der Auseinandersetzung zwischen den politischen Gegnern, besonders zwischen den politischen Parteien, da deren Konkurrenzkampf von den Massenmedien vermittelt wird und zu einem großen Teil in ihnen stattfindet. Metaphern gehören somit zum politischen Kampf um die Sprache. Als ein Paradebeispiel führt Girnth (2002: 58 f.) die Auseinandersetzung um die Metapher „Politik der ruhigen Hand" an, die Bundeskanzler Gerhard Schröder

2001 zur positiven Charakterisierung seiner Politik im Sinne von 'Stetigkeit', 'Verlässlichkeit' und 'Gelassenheit' verwendete: Vom politischen Gegner wurde die Bedeutung sofort im Sinne von 'Untätigkeit' und 'Stillstand' umgedeutet, so dass sich Schröder zu erläuternden Bemerkungen in Interviews genötigt sah. Eine interessante Strategie der konzeptuellen und emotionalen Umdeutung einer Metapher hat z. B. Bundeskanzlerin Angela Merkel in ihrer ersten Regierungserklärung versucht: Sie interpretierte die eigentlich negativ bewertete Metapher einer 'Politik der kleinen Schritte' vorsorglich positiv, um sie für sich zu reklamieren und damit für den politischen Gegner unbrauchbar zu machen:

(15) »Viele werden sagen: Diese Koalition geht viele kleine Schritte und nicht den einen großen. Und ich erwidere: Genauso machen wir es.« Angela Merkel, Kanzlerin, in ihrer Regierungserklärung (Worte der Woche, *DIE ZEIT* 50, 08.12.2005, 2)

Von der Opposition ist die Regierungserklärung Merkels selbstverständlich kritisiert worden. Der Fraktionschef der Grünen, Fritz Kuhn, verwendete für seine Kritik innovative Metaphorik:

(16) »Das waren Häppchen für jeden, der vorbeikommt. Aber man weiß nicht, was es zu essen geben wird.« Fritz Kuhn, Fraktionschef der Grünen, zu Merkels Regierungserklärung (Worte der Woche, *DIE ZEIT* 50, 08.12.2005, 2)

Kuhns Metaphern verweisen auf die innovative Konzeptualisierung von POLITIK ALS NAHRUNG, wobei die *Häppchen* sich auf Merkels politische Ankündigungen beziehen und *was es zu essen geben wird* auf das konkret geplante politische Handeln. Auch der mediale Erfolg der metaphorischen Kritik von Kuhn lässt sich daran ablesen, dass die Formulierung von der *ZEIT* in die Rubrik *Worte der Woche* aufgenommen wurde, die jeweils nur ca. ein Dutzend prominente Äußerungen aus den medialen Debatten einer Woche enthält.

Aufgabe 2: Erläutern Sie die Metaphern und die durch sie ausgedrückten Konzeptualisierungen im folgenden Statement: »Es darf nicht sein, dass die CDU, vor allem die Bundeskanzlerin, winkend auf dem Sonnendeck steht und die SPD im Maschinenraum die Arbeit macht und schwitzt.« Hubertus Heil, SPD-Generalsekretär, zu Angela Merkels innenpolitischer Abwesenheit und außenpolitischer Omnipräsenz (Worte der Woche, *DIE ZEIT* 7, 09.02.2006, 2)

7.3 Metaphern in der Boulevardpresse

Fast alle Boulevardblätter sind langsam auf das Niveau der Bildzeitung gesunken, die ihrerseits noch durch den Meeresboden gebrochen ist. (Helmut Krausser)

Die Boulevardpresse zeichnet sich durch Sensationalismus und Emotionalisierung, durch drastische Wertungen und inhaltliche Vereinfachungen aus. Die Inhalte und deren sprachliche Darstellung sind nicht bloß von der Informationsfunktion bestimmt, sondern sie dienen vor allem dem Ziel der Unterhaltung. In der sprachlichen Darstellung sollen kreative und innovative Metaphern zur Steigerung des Unterhaltungswertes beitragen, der je nach Thema verschieden ausfallen kann. Es werden aber auch viele konventionalisierte Metaphern und Idiome verwendet, die abgegriffen und routiniert wirken, wie z. B. die Verwendung von *sich in sein Schneckenhaus zurückziehen* in (17):

(17) Bohlen im Trennungsurlaub
Er knallt sich weiter zwischen seine Fans, brutzelt unter Malles Sonne. Er wäre ja auch nicht Dieter Bohlen, wenn er sich jetzt in sein Schneckenhaus zurückzöge. (*BZ*, 30.08.2006, 5)

Ein Hauptthemenfeld der Boulevardpresse sind Ereignisse und Klatsch aus der Welt der Prominenten. Die sprachliche Darstellung ist an der mündlichen Kommunikation orientiert, sie ist locker und leicht verständlich. Metaphern werden beispielsweise dazu verwendet, um gängige Klischees zu bedienen, um Wertungen auszusprechen, aber auch um spielerisch, witzig oder vertraulich zu wirken.

Das Klischee der Liebe auf den ersten Blick wird z. B. in (18) durch die Metapher *Liebesblitz* zum Ausdruck gebracht:

(18) Die schöne Dänin und „Mützen-Ben" trafen sich im März bei der Abschlussparty von Heidi Klums Sendung „Germany's Next Topmodel" – Liebesblitz schlug direkt ein. (*BZ*, 26.08.2006, 12)

In dem Artikel der *BZ (Berliner Zeitung)*, der in der täglichen Rubrik *Leute „Der Klatsch gehört uns"* erschien, geht es um die Gewichtsabnahme von Sänger Ben, die in (19) durch Metaphern wie *Diätprogramm Kate* und *legte Moppelkleidchen ab* deutlich positiv bewertet wird:

(19) Diätprogramm Kate. Mit der Sänger-Kollegin Kate Hall […] verlor der Mann den Babyspeck. Legte auch […] nicht nur Moppelkleidchen, sondern auch sein Markenzeichen, die Mütze ab. (*BZ*, 26.08.2006, 12)

Aufgabe 3: Die *BZ* (26.08.2006, 43) veröffentlichte ein Jugendfoto der Boule-vard-Ikone Paris Hilton mit der Bildzeile: „Paris Hilton mit 16: eine Pummel-Barbie im Billig-Outfit". Das Foto, das Hilton als völlig normalgewichtige Teenagerin bei einer Modenschau zeigt, wird in der Überschrift des Beitrags wie folgt kommentiert: „Paris Pummelchen. So wabbelte die Hotel-Erbin durchs Leben, bevor sie Paris Hilton wurde". Welche Metaphern werden in den beiden Zitaten benutzt, welche Bewertungen transportiert und welche Implika-turen durch sie ausgelöst?

Auch in Texten, die auf Paparazzi-Fotos Bezug nehmen, sind Me-taphern beliebt. Sie dienen dazu, durch Anzüglichkeit den Eindruck von vertraulicher Nähe zum betreffenden Prominenten zu suggerie-ren. Dieter Bohlens Strandaktivitäten auf Mallorca wurden z. B. in vertraulich-anzüglicher Weise durch Metaphern beschrieben:

(20) [...] Bohlen aber zieht es zum Hautkontakt mit seiner Zielgruppe. [...] Und, schwupp, schon bald zappelte Bohlen am Gemeinschaftsstrand ein hübsches Fischlein ins Netzhemd. (*BZ*, 27.08.2006, 12)

Mit dem *hübschen Fischlein* ist eine weibliche Strandbekanntschaft Bohlens gemeint. Der Bereich FISCHE wurde wegen der Möglich-keit des Wortspiels mit *Netzhemd* (Bohlen trägt aber keines auf den Fotos) und vor allem auch wegen der konzeptuellen Nähe zu STRAND und MEER gewählt.

Dieses Verfahren, zur metaphorischen Charakterisierung kon-zeptuelle Bereiche heranzuziehen, die in Bezug auf die spezifische Situation oder die Tätigkeit des Prominenten nahe liegend sind, wird häufig verwendet und wirkt meist klischeehaft. So wird etwa in (21) das angebliche Fremdgehen des englischen Stürmer-Stars David Beckham durch die Fußballmetaphern *trainierte scharfe Freistöße* und *fremddribbeln* charakterisiert:

(21) Auch sie trainierte scharfe Freistöße mit Beckham. Und am Sonntag will schon die nächste Geliebte auspacken. In wie vielen Betten hat er noch fremdgedribbelt? (*Bild*, 10.04.2004, 9)

In (22) wird das Erscheinen einer gemeinsamen CD von Stardiri-gent Simon Rattle und der bekannten Mezzosopranistin Magdalena Kožená in Geburtsmetaphern geschildert, da Rattle und Kožená ein Paar sind und einen gemeinsamen Sohn haben:

(22) Sehr intime Klänge. Sir Rattle und seine Frau geben die Geburt einer CD bekannt. [Bildzeile:] Sir Simon Rattle und Magdalena Kozena haben mit der gemeinsamen Mozart-CD ein weiteres Kind (*BZ*, 22.08.2006, 25)

Die allgemeine Dominanz des Unterhaltungsfaktors zeigt sich in der Boulevardpresse auch in der sprachlichen Darstellung von Geschehnissen aus Politik, Wirtschaft und Sport, sogar in der Schilderung von Erkenntnissen aus Wissenschaft und Forschung. Der Unterhaltungseffekt wird dabei häufig durch Sensationalismus und Emotionalisierung hervorgerufen. Die größte Boulevard-Zeitung Deutschlands, *Bild*, veröffentlichte beispielsweise am 04.11.2006 auf dem Titelblatt eine Fotomontage, welche die Erde sowie ein in ihr steckendes Fieberthermometer präsentierte, das 40 °C zeigte. Die Schlagzeile lautete:

(23) UMWELTSCHOCK. / Unsere Erde hat Fieber!
Spüren Sie's auch? / Die Atmosphäre hat Schüttelfrost / Unsere Erde rumort / Das Wetter schockt: Hitze, Kälte, Stürme, Fluten. Unser Planet schreit SOS! / Klimaforscher schlagen Alarm: „Unsere Erde hat Fieber!" (*Bild*, 04.11.2006, 1)

Die globale Klimaerwärmung und ihre Folgen werden metaphorisch durch die Personifikation der Erde als erkranktem Menschen dargestellt. Dies dient dazu, eine Identifikation der Rezipienten mit dem „Patienten Erde" zu ermöglichen, durch die Furcht erzeugt werden soll, was sogar explizit mitgeteilt wird: *Schock-Fakten zum Fürchten* (*Bild*, 04.11.2006, 9). Auch in der Fortsetzung (S. 9) des Aufmachers (S. 1) wird die Metapher wiederholt und ausgeschmückt. Ansonsten werden aber vor allem vereinfachte Informationen in Form von elliptischen Ausrufesätzen geboten:

(24) PATIENT ERDE [...]
Klima-Schock! Unsere Erde hat Fieber! Tropen-Oktober! Arktis-November! Stürme, Fluten, Wetterstürze. KLIMA-ALARM! Ein multinationaler SOS-Schrei erschüttert unseren Planeten: Die globale Erderwärmung wird unser Leben radikal verändern. (*Bild*, 04.11.2006, 9)

Aufgabe 4: Welcher Ausdruck wird in folgendem Ausschnitt aus der *Bild*-Zeitung (04.11.2006, 9) metaphorisch verwendet? Was bedeutet er wörtlich? Beurteilen Sie die inhaltliche Angemessenheit der metaphorischen Verwendung!: „ALPEN: Alle Gletscher schmelzen! Sind sie in 20 Jahren verschwunden? Sie sind die Kronzeugen des Klima-Wandels. In Millionen Jahren gewachsen, in 100 Jahren geschmolzen."

Dieselbe Strategie von Sensationalismus und Emotionalisierung findet sich etwa auch in einem Beitrag zum Ansteigen der Haushaltsnebenkosten, wobei die intendierte Furchtreaktion wieder durch das *Bild*-Lieblingswort *Schock* explizit gemacht und von einer Metapher unterstützt wird:

(25) Nebenkosten-SCHOCK! Strom. Wasser. Heizung.
Fressen uns die Preise auf? (*Bild*, 02.09.2006, 1)

80

Durch die Metapher *auffressen* in der hyperbolischen rhetorischen Frage *Fressen uns die Preise auf?* werden die Nebenkosten metaphorisch als gefräßiges Tier dargestellt.

In der Berichterstattung aus Politik und Wirtschaft finden sich aber auch Metaphern, die vertraulich und spielerisch wirken und der Auflockerung der Texte dienen. Ein beliebtes Mittel ist die Verwendung von lexikalisierten Metaphern, die durch den thematischen Zusammenhang zugleich auch in ihrer ursprünglichen wörtlichen Bedeutung verstanden werden, wie (26) und (27) belegen:

(26) Heiße Nachricht: Noch nie wurden im Wurststaat Thüringen so viele Rostbratwürste produziert wie in diesem Jahr.
(*Bild Thüringen*, 02.09.2006, 3)

(27) Eine schlechte Nachricht gibt's allerdings auch: „Strom, Gas, Verpackung und Benzin sind seit 2004 um bis zu 40 Prozent gestiegen, die Wurstpreise nicht", so Uwe Bernhard (62), Chef der Weimarer Wurstwaren. / Bei den Preisverhandlungen dürfte es im Handel wohl bald um die Wurst gehen... (*Bild Thüringen*, 02.09.2006, 3)

In (26) wird neben der Bedeutung der lexikalisierten Metapher *heiß* auch die wörtliche Bedeutung mitverstanden, da Rostbratwürste mit großer Hitze zubereitet werden. Eine kreative Verwendung des umgangssprachlichen Idioms *es geht um die Wurst* im Sinne von 'es geht um die Entscheidung, kommt auf vollen Einsatz an' (DUW) zeigt (27). Der witzige Effekt entsteht dadurch, dass auch die wörtliche Bedeutung des Ausdrucks zum Kontext passt, da es bei den Preisverhandlungen im Wortsinne um die Wurst geht.

7.4 Metaphern in der Sportberichterstattung

> *Die weite Verbreitung der Kampfmetaphorik in diesem Bereich ist [...] aufgrund der Tatsache nicht weiter erstaunlich, daß Sport als eine Form des ritualisierten Kampfes angesehen werden kann.* (Baldauf 1997: 229)

In der Sportberichterstattung steht die Darstellung von Sport als einem Kampf zwischen Konkurrenten im Vordergrund. Daher lassen sich in Texten über Sportereignisse auch zahllose Metaphern aus dem Bereich KAMPF bzw. KRIEG finden. Den Sportberichterstattern steht ein großes Repertoire an lexikalisierten Metaphern für die Beschreibung zur Verfügung; (28) zeigt eine kleine Auswahl (s. Baldauf 1997: 228 f.). In (29) – dem Ausschnitt aus einem typischen Fußballspielbericht im Sportmagazin *kicker* – finden sich einige der Ausdrücke wieder:

(28) Kampf; Sieg; Niederlage; Angriff, Offensive; Abwehr, Defensive, Verteidigung; stürmen, Stürmer; Flügel; schießen, (Tor-)Schütze; treffen; Treffer etc.

(29) Nach dem Wechsel totale Offensive auf Bayernseite. […] Und die geballte Sturmkraft brachte ein klares Übergewicht, das frühe erste Tor, den Willen, ein vermeintlich verlorenes Spiel zu drehen. Während die Alemania sich nun vollends auf Konter verlegte, rollte Angriff auf Angriff auf [Torwart] Straub, der im Münchner Powerplay den zweiten Gegentreffer kassieren musste. (*kicker* 103, 21.12.2006, 3)

Metaphern werden in der Sportberichterstattung auch verstärkt eingesetzt, um die Aspekte des Emotionalen, des Überraschenden und Spannenden darzustellen, die mit sportlichen Wettkämpfen verbunden sind. Zur Charakterisierung dieser Aspekte werden Metaphern aus Bereichen herangezogen, die mit „Nervenkitzel" assoziiert werden. In (30) wird ein Bezug zum Bereich FILM hergestellt. Zur Steigerung der Expressivität wird das besprochene Basketballspiel einmal als Thriller oder Krimi (*Krimi à la Hitchcock, Korb-Krimi*) und auch in Bezug auf Western (*High Noon*) beschrieben:

(30) 108:103! Angola-Krimi à la Hitchcock.
HIROSHIMA – Was für ein Showdown – High Noon im fernen Osten! Die deutschen Basketballer schlagen bei der WM im Entscheidungsspiel um den zweiten Gruppenplatz Angola nach dreifacher Verlängerung (zum ersten Mal in der WM-Geschichte) mit 108:103! / Der überragende Riese bei diesem Korb-Krimi: Dirk Nowitzki mit 47 Punkten – Länderspielrekord! (*BZ*, 25.08.2006, 42)

Aufgabe 5: Welche konventionalisierten Metaphern werden im folgenden Ausschnitt aus einem Fußball-Spielbericht (*BZ*, 27.08.2006, 38) verwendet? Auf welchen konzeptuellen Bereich nehmen sie Bezug und welche Funktion erfüllen sie?: „Nach 20 Minuten wird's etwas ruhiger. Klar, *das* Tempo kann keine Mannschaft der Welt über die volle Distanz gehen. Bochum nimmt als erster wieder Fahrt auf, Misimovics Schuss segelt knapp am Winkel vorbei (32.)."

Für die Sportberichterstattung ist allgemein die Tendenz zu hyperbolischem Sprachgebrauch festzustellen, die sich nicht nur – aber dort besonders – in der Boulevardpresse manifestiert, wie z. B. die hyperbolische, religiöse Metapher *Wiedergeburt* in (31) belegt:

(31) Was für eine Wiedergeburt! Der Deutschland-Achter ist zurück. Nach 11 titellosen Jahren kannte der Jubel bei der Ruder-WM keine Grenzen: GOLD! (*BZ*, 28.08.2006, 39)

Mit hyperbolischen Metaphern kann vor allem auch die für Sportereignisse entscheidende Emotionalität beschrieben werden, und das keineswegs nur in Boulevardmedien. In einem Artikel in der *ZEIT* charakterisiert Hartmut Böhme den Fußballkult z. B. mithilfe von Metaphern, die auf den konzeptuellen Bereich RELIGION (*heilig, Kathedralen, liturgisch*) oder auf TECHNIK (*Gefühlsmaschinen, Turboauflader, Synthesizer*) verweisen:

(32) [Titelunterzeile:] Die Kathedralen stehen leer, doch in den Stadien tobt das heilige Spektakel.

(33) Die Kathedralen der Gegenwart sind eher die Arenen des Fußballs, die durch die neue Stadionarchitektur zu wahren Gefühlsmaschinen geworden sind.

(34) [...] Stadien sind affektive Turboauflader.

(35) Und doch bleibt der liturgische Kern des Fußballs: das Spiel und seine Erregungskurven. Es gibt nichts Vergleichbares, was eine derartige Skala von Gefühlen durchlebbar macht wie das Stadion. Darum sind Stadien gewaltige Synthesizer emotionaler Mächte [...].
(Hartmut Böhme, Der Ball der Göttin, *DIE ZEIT* 33, 10.08.2006, 33)

Die starke emotionale Komponente im Sport bestimmt auch das Verhältnis des Publikums zu den Mannschaften und Trainern. Auch zur Darstellung dieser Relation werden oft hyperbolische Metaphern aus Bereichen verwendet, die für große Emotionalität stehen. In (36) wird das Verhältnis des Trainers der Fußballnationalmannschaft zum Publikum am Beispiel von Jürgen Klinsmann sowie seines Nachfolger Joachim Löw als Liebesbeziehung beschrieben:

(36) Als Nachfolger eines charismatischen Vorgängers mussten und müssen die Zuschauer eine neue Beziehung zu ihrem Bundestrainer aufbauen. [...] Aber eine beiderseitige Liebe auf den ersten Blick war nach der Amour fou zum Vorgänger und angesichts der Persönlichkeitsstruktur des Nachfolgers ohnehin nicht zu erwarten. / Um aus dieser Liaison mehr als eine Zweckbeziehung zu machen, muss die deutsche Mannschaft in den kommenden Europameisterschafts-Qualifikationsspielen die am Mittwochabend gezeigte Linie beibehalten. (*ZEIT online*, 17.08.2006)

Die Kommerzialisierung des Sports schlägt sich ebenfalls in der sprachlichen Darstellung nieder. In (37) z. B. werden die Bemühungen der Bundesliga-Vereine bezüglich der Verpflichtung neuer Spieler sowohl im Hinblick auf das Konzept EINKAUF als auch auf das Konzept KRIEG geschildert:

(37) Alle 18 Bundesliga-Manager stehen vor dem gleichen Problem: Jeder will seine Besten halten – und gleichzeitig fleißig abwerben. Die Kriegskassen der Klubs sind gut gefüllt: Insgesamt 69,5 Millionen Euro stehen für Einkäufe zur Verfügung! Und fünf deutsche WM-Helden gibt es sogar zum Schnäppchenpreis [...]. (*Sport Bild* 50, 13.12.2006, 6)

7.5 Metaphern in der Werbung

Werbung ist der Kobold der Medien, allgegenwärtig in vielerlei Gestalt von unscheinbar einschmeichelnd bis aufdringlich attraktiv. (Schmitz 2004: 53)

In der Werbung werden Metaphern eingesetzt, weil durch sie Aufmerksamkeitseffekte erzielt werden können, die das Interesse der potenziellen Käufer für das beworbene Produkt wecken sollen. Sehr wichtig sind die über Metaphern und bildtechnische Darstellungen zum Ausdruck gebrachten Verbindungen zu anderen konzeptuellen Bereichen: Die Rezipienten sollen das beworbene Produkt mit ihnen in Zusammenhang bringen – sei es, weil es sich bei den angekoppelten Bereichen um allgemein als positiv bewertete Domänen handelt, sei es wegen eines witzigen Überraschungseffektes.

Beliebt sind in der Werbung etwa Bezüge zum Sport und den Medien. Es lässt sich sogar eine „fortschreitende wechselseitige Annäherung und Durchdringung von Wirtschaft, Sport und Medien" (Settekorn 2001: 103) beobachten. Das zeigt z. B. folgende Werbung für *T-Online* (s. ausführlich Settekorn 2001):

(38) Das Tor des Monats:
      T-Online bleibt
      Tabellenführer.
      (in *Frankfurter Rundschau*, 19.02.2000, zit. n. Settekorn 2001: 95)

Mit dem Bezug zum populären Bereich FUSSBALL und der metaphorischen Selbstcharakterisierung als *Tabellenführer* sowie dem Bezug auf das *Tor des Monats*, einem festen und beliebten Bestandteil der Fußballberichterstattung in der *Sportschau* der ARD, soll in (38) für *T-Online* eine starke Aufwertung erreicht werden, die noch über die Erfolgsnachricht, Marktführer zu sein, hinausgeht.

Einen typischen Fall für den Einsatz eines prominenten Werbeträgers zeigt (39). Auf dem Original ist der bekannte Sportmoderator und Fußballkommentator Reinhold Beckmann zu sehen. Der Bezug zum Bereich FUSSBALL wird im Text sprachlich explizit durch die metaphorische Verwendung des aus der Fachsprache des Fußballs stammenden Phraseologismus *in die Verlängerung gehen* hergestellt:

(39) 'Schön, wenn der Feierabend mal in die Verlängerung geht.' (Reinhold Beckmann) König Pilsener. Das König der Biere. (Anzeige 2006)

Ein sachlicher Zusammenhang zwischen dem Bereich FUSSBALL und der beworbenen Dienstleitung besteht in (40). Die *Deutsche Bahn* wirbt um das Vertrauen der zu Spielen anreisenden Fußballfans. Der Bezug zum Bereich FUSSBALL wird durch das umgangssprachliche Idiom *am Ball sein*, das 'sich von etw. nicht abbringen lassen; etw. mit Eifer weiterverfolgen' (DUW) bedeutet, auf kreative Art ausgedrückt:

(40) Wir sind am Ball... / ...als Partner des Fußballs. / Ein perfekt eingespieltes Team. Für die Fans geben wir alles, um sie zuverlässig und schnell ins Stadion zu bringen. (Deutsche Bahn, *Sport Bild* 41, 11.10.2006, 33)

In (41) wird eine witzige Wirkung dadurch erzielt, dass *Musik* metaphorisch auf die Motorengeräusche des beworbenen Autos referiert:

(41) Musik ist, wenn Sie das Radio ausschalten und das Fenster öffnen. Das neue BMW 3er Coupé. Unaufhaltsam elegant. (*Park Avenue* 11/2006, 4–5)

Metaphern in Werbeanzeigen müssen nicht unbedingt neuartig sein. Oft werden lexikalisierte Metaphern verwendet, weil sie leicht verständlich sind. Besondere Wirkungen können aber auch mit diesen konventionellen Metaphern erzeugt werden. Ein in dem Sinne kreatives Beispiel ist (42) wegen der unüblichen Verbindung der lexikalisierten Metaphern *Leckerbissen* und *Wissenshungrige*:

(42) Jede Woche Leckerbissen für Wissenshungrige. / Das Neueste aus der Forschung. Das Spannendste aus der Wissenschaft. Das Beste aus der Technik. Jede Woche im FOCUS. (*BUNTE* 36, 31.08.2006, 26–27)

Aufgabe 6: Analysieren Sie die Metaphern und ihre Funktion in folgender Werbeanzeige: „TAUCHEN SIE EIN IN DIE CLARINS FEUCHTIGKEITS-OASE. Stillen Sie bei Douglas den Durst Ihrer Haut mit der Pflegelinie MULTI-HYDRATANTE von CLARINS." (in *BUNTE* 36, 31.08.2006, 9)

Weiterführende Literatur: Eine Einführung zur Sprache in den Medien mit sehr umfangreicher Bibliographie bietet Schmitz (2004); eine ausführliche Einführung gibt Burger ([3]2005). In die linguistische Analyse von politischer Kommunikation führt Girnth (2002) ein. Die Sprache in der Politik mit Berücksichtigung von Metaphern stellt Burkhardt (2003) zusammenfassend dar. Metaphern im politischen Diskurs sowie in Presseberichten erläutern z. B. Charteris-Black (2004) und Musolff (2004). Siehe zum massenmedialen politischen Diskurs am Beispiel der Berichterstattung über islamistischen Terrorismus Kirchhoff (2010), Schwarz-Friesel und Skirl (2011) sowie Schwarz-Friesel und Kromminga (2013). Zwei frühe exemplarische Analysen zu Metaphern in der Boulevardpresse und in konventionellen Tageszeitungen hat Reger (1974, 1977) vorgelegt. Settekorn (2001) erläutert anhand der genauen Analyse einer Werbeanzeige den Metapherngebrauch in den Massenmedien.

8. Metaphern in literarischen Texten

8.1 Literaturbegriff und Metapher

> *Die Welt entfernt sich von uns in immer reizvolleren Metaphern.* (Stanisław Jerzy Lec)

Als eine wesentliche Eigenschaft von **literarischen Texten** und besonders von lyrischen Texten wird für gewöhnlich genannt, dass sie viele und neuartige Metaphern enthalten. Wir hatten in den vorangegangenen Kapiteln bereits gesehen, dass metaphorischer Sprachgebrauch auch in Alltagstexten sehr ausgeprägt sein kann. Literarische Texte lassen sich ohnehin nicht über die sprachlichen Verwendungsformen bestimmen: Es gibt keine spezifische literarische Sprache, die sich von der übrigen Sprache abgrenzen ließe. Eine Ausnahme bilden womöglich nur spezielle Formen der lyrischen Sprache, z. B. absolute Metaphern (s. Kap. 8.4).

Oft wird als gemeinsames Merkmal literarischer Texte das der **Fiktionalität** angegeben: Der Inhalt literarischer Texte ist etwas Vorgestelltes, Erdachtes und erhebt deshalb in Bezug auf die Wirklichkeit keinen Wahrheitsanspruch im Sinne einer Tatsachenbehauptung. Das mentale Textweltmodell repräsentiert nicht die reale Welt. Die Eigenschaft der Fiktionalität gilt zwar für viele, aber nicht für alle literarischen Texte, z. B. nicht für Autobiographien, Tagebücher oder Reisebeschreibungen. Fiktionalität ist also kein notwendiges Kriterium.

Literarische Texte lassen sich nur über die besonderen Kommunikationsbedingungen erfassen, in denen sie stehen: Allgemein gilt für literarische Texte, dass sie im Gegensatz zu Gebrauchstexten wie Zeitungsartikel, politische Reden usw. nicht in eine konkrete Kommunikationssituation eingebunden sind, durch die ihre Funktion festgelegt ist. Literatur ist, vereinfacht gesagt, stets das, was in einer Gesellschaft dafür gehalten wird. Die Funktion der literarischen Kommunikation in einer Gesellschaft ist dem historischen Wandel ihrer Produktion, Publikation und Rezeption unterworfen. Das Literarische am literarischen Text lässt sich also nicht ein für allemal festlegen. Für einzelne Epochen können bestimmte Literaturbegriffe herausgearbeitet werden (z. B. der Literaturbegriff der Klassik). Für die Moderne, also auch für die zeitgenössische Literatur gilt, dass in ihr verschiedenste Literaturbegriffe nebeneinander existieren und miteinander konkurrieren. Vom Literaturbegriff der jeweiligen Autorinnen und Autoren bzw. der literarischen Strömungen, für die sie stehen, hängt auch entscheidend ab, welches Verhältnis sie zu metaphorischem Sprachgebrauch haben, ob sie ihn bejahen oder ablehnen (und was genau sie darunter verstehen) (s. Willems 1988, Müller-Richter/Lacarti 1998). Die Konkrete Poesie ist z. B. eine der literarischen Strömungen, in denen metaphorischer Sprachgebrauch abgelehnt wurde. Der Gebrauch von Metaphern kann deshalb nicht als eine notwendige Eigenschaft literarischer Texte behauptet werden.

Aufschlussreich ist, dass sich diejenigen, die Metaphern ablehnen, oft derselben Argumente bedienen wie diejenigen, die Metaphern befürworten. Ein Grund dafür ist, dass jeweils anderes unter Metaphern verstanden wird: Abgelehnt wird eine Metaphorik, die nur als Schmuck dient, als „Dekor, Schminke und Parfüm" (Nicolas Born). Genau diese Form von Metaphern wird aber auch von den Befürwortern der Metaphorik abgelehnt, wie schon der klassische gewordene Text *Bildlicher Ausdruck* (1897) von Hugo von Hofmannsthal belegt, dessen Anfang lautet:

Man hört nicht selten die Rede: ein Dichtwerk sei mit bildlichem Ausdruck geziert, reich an Bildern. Dies muß eine falsche Anschauung hervorrufen, als seien die Bilder – Metaphern – etwas allenfalls Entbehrliches, dem eigentlichen Stoff, aus welchem Gedichtetes besteht, äußerlich Aufgeheftetes. Vielmehr aber ist der uneigentliche, der bildliche Ausdruck Kern und Wesen aller Poesie: jede Dichtung ist durch und durch ein Gebilde aus uneigentlichen Ausdrücken. (zit. n. Müller-Richter/Lacarti 1998: 48)

Wenn in der modernen Literatur Metaphern gebraucht werden, so dienen sie meist dem Ausdruck der Unmittelbarkeit von Erleben (ob nun fiktiv oder real) in seinen verschiedensten Facetten (s. Willems 1988), insbesondere auch dem Ausdruck von Gefühlen (s. Schwarz-Friesel ²2013). Dafür werden innovative Metaphern bevorzugt, da für sie eine uneingeschränkte Freiheit in der Wahl der kombinierten konzeptuellen Bereiche besteht. Das In-Beziehung-Setzen unterschiedlichster Bereiche hat Robert Musil zufolge mit nichts „anderem zu tun als dem Erleben". Bei der metaphorischen Darstellung von Erleben soll die Wirkung der Unmittelbarkeit durch Neuartigkeit erzielt werden. Musil gibt in seiner *Rede zur Rilke-Feier* (1927) aus Sicht des Schriftstellers folgendes Beispiel:

[…] ein Schriftsteller vergleiche einen bestimmten Novemberabend, von dem er erzählt, mit einem wollenen weichen Tuch; ein anderer Schriftsteller könnte ebensogut ein eigenartig weiches Wolltuch mit einem Novemberabend vergleichen. In allen solchen Fällen liegt der Reiz darin, daß ein schon etwas erschöpfter Gefühls- und Vorstellungsbereich dadurch aufgefrischt wird, daß ihm Teile eines Neuen zugeführt werden. Das Tuch ist natürlich kein Novemberabend, diese Beruhigung hat man, aber es ist in der Wirkung mit ihm verwandt, und das ist eine angenehme kleine Mogelei. (zit. n. Müller-Richter/Lacarti 1998: 48)

Aufgabe 1: Kurz (^{5}2004: 17) schreibt: „In der Literatur der Moderne kann potentiell jedes Paar benachbarter Wörter als eine Metapher angesehen werden." Können Sie dieser Behauptung zustimmen? Begründen Sie Ihre Einschätzung!

Bevor wir uns eingehender mit Metaphern in der Prosa (Kap. 8.3) und der Lyrik (Kap. 8.4) beschäftigen, wollen wir aber noch das Verhältnis der Metapher zu Allegorie und Symbol klären.

8.2 Metapher, Allegorie, Symbol

Die Bestimmung der drei Begriffe ist strittig, seit über sie nachgedacht wird. (Gerhard Kurz)

Wenn im Hinblick auf literarische Texte von Metaphern die Rede ist, so muss auch von **Allegorie** und **Symbol** gesprochen werden. Die beiden Begriffe stehen in einem engen Zusammenhang mit dem Begriff der Metapher. Alle drei Begriffe werden in der Literaturwissenschaft unterschiedlich verwendet. Eine allgemein akzeptierte Bestimmung und Abgrenzung gibt es nicht. Einige wesentliche Hinweise zu ihrer Unterscheidung und ihrem Verhältnis sind jedoch hilfreich (s. Kurz ^{5}2004).

Wir beginnen mit dem Begriff der Allegorie, zunächst in der Variante, die in der rhetorischen Tradition begründet wurde, da sie in direktem Zusammenhang mit dem Metaphernbegriff steht. In der Rhetorik wird Allegorie seit Quintilian vor allem als fortgesetzte Metapher bestimmt: Durch eine Abfolge von Metaphern wird immer wieder ein bestimmter (konzeptueller) Bereich durch den fortgesetzten Bezug zu einem anderen (konzeptuellen) Bereich beschrieben (s. zu solchen Metaphernkomplexen Kap. 6.1 und 6.2). Durs Grünbein stellt z. B. in seinem Vortrag *Weltliteratur: ein Panoramagemälde* eine Analogie zwischen dem Himalaya und der Weltliteratur her:

(1) Zumindest in diesen Breiten ist man sich einig darüber: Es gibt einen Himalaya der Literatur, und seine Höhenzüge sind bestens bekannt. Dieses Weltgebirge wird unstreitig von einer Kammlinie aus Sieben- und

Achttausendern dominiert, die dort schon seit Jahrhunderten aufragen. Es handelt sich um so gewaltige Felsmassive wie den allzeit schneebedeckten Peak Dante, den breit thronenden, in mehrere Gipfelzacken zerklüfteten Mount Shakespeare, um die beiden breitschultrigen, elefantenhaft abgerundeten Mons Rabelais und Monte Cervantes. Mittendrin, schon in milderem Licht und mit grünen Matten zeichnen sich die Silhouetten des hohen Goethe und des scharf konturierten Puschkin ab, und noch weiter zum Rand hin, fast schon in Alpenformat, all die anderen Berggruppen mit den Namen bekannter Archipoeten, die so lange Zeit fast nur europäischer Herkunft waren. (Durs Grünbein, *Antike Dispositionen*, 23)

In (1) werden Elemente der beiden Bereiche WELTLITERATUR und HIMALAYA einander zugeordnet: Die beschriebenen Berge der *Kammlinie aus Sieben- und Achttausendern* sind jeweils mit den Namen der Autoren bezeichnet, deren Werk sie charakterisieren sollen. Trotz dieser expliziten Zuordnung bleibt jedoch ein großer Freiraum für das weitere Ausspinnen der Analogie.

Der enge Zusammenhang zwischen Metapher und Allegorie erfasst aber nur einen Aspekt des Allegoriebegriffs. Er wird noch in weiterer Bedeutung verwendet, die sich nicht auf metaphorischen Sprachgebrauch bezieht. Texte und Textstellen können als Allegorien gedeutet werden, auch wenn sie keine fortgesetzten Metaphern enthalten. Die gesamte Erzählung *Mario und der Zauberer* (1930) von Thomas Mann gilt z. B. als eine Allegorie des Heraufkommens von Faschismus und Nationalsozialismus. Die Geschichten und Romane von Franz Kafka können als Allegorien interpretiert werden (s. Kurz [5]2004: 58).

Auch beim **Symbol** liegt keine metaphorische Sprachverwendung vor. Ein im Text mitgeteilter Sachverhalt oder eingeführter Gegenstand kann als Symbol gedeutet werden, wenn ihm eine über das inhaltlich Mitgeteilte hinausgehende Bedeutung zugesprochen wird. Goethe hat z. B. in seinen Roman *Die Wahlverwandtschaften* (1810) viele Gegenstände und Handlungselemente eingefügt, die sich für eine Interpretation als Symbol anbieten. Wenn Eduard und Ottilie beim gemeinsamen Musizieren nie einen harmonischen Rhythmus finden, so kann das beispielsweise als Symbol dafür gedeutet werden, dass die beiden trotz der Liebe, die sie füreinander empfinden, dennoch nicht zusammen passen. Oft wird eine Interpretation als Symbol dadurch nahe gelegt, dass von den betreffenden Gegenständen oder Handlungen wiederholt an verschiedenen Stellen des Textes die Rede ist. In Thomas Manns *Zauberberg* (1924) spielt z. B. an prominenten Stellen des Romans ein Bleistift eine Rolle, die ihn schließlich als erotisches Symbol ausweisen.

Der Allegorie-Begriff, der sich nicht auf metaphorischen Sprachgebrauch bezieht, und der Symbol-Begriff sind nicht leicht voneinander abzugrenzen und werden auch häufig synonym verwendet.

Aufgabe 2: Goethe behauptet von Symbolen, es habe „der Liebhaber, Kenner, Ausleger völlig freie Hand, die Symbole zu entdecken, die der Künstler bewußt oder bewußtlos in seine Werke niedergelegt hat" (Brief an S. Boiserée, 16.07.1818). Erläutern Sie anhand dieser Aussage den Unterschied zwischen Metaphern und Symbolen!

Die Deutung von nicht-metaphorischen Allegorien und von Symbolen gehört zur übergeordneten Ebene des **Textsinns** (s. Schwarz-Friesel 2006), nicht zur Ebene der Kohärenz. Die inhaltliche Lesart, die automatisch bei der Kohärenzetablierung erzeugt wird, bietet nur die Grundlage für die allegorische bzw. symbolische Lesart, die im Interpretationsprozess als eine zweite Bedeutungsebene konstruiert wird.

Bei Metaphern handelt es sich dagegen um eine Form der Sprachverwendung, die schon erkannt werden muss, damit die mitgeteilten Sachverhalte verstanden werden können. Metaphernverstehen gehört zum Prozess der Kohärenzetablierung (s. Kap 6.3). Metaphorische Lesarten werden nicht erst auf der Ebene des Textsinns konstruiert. Eine Interpretation auf der Ebene des Textsinns können sie aber zusätzlich erhalten.

8.3 Metaphern in der Prosa

> *[...] ein Buch muß die Axt sein für das gefrorene Meer in uns.* (Franz Kafka)

Literarische Prosawerke wie Romane und Erzählungen zeichnen sich durch Fiktionalität aus: Die in ihnen entworfene Textwelt ist erfunden, sie ist vorgestellt und konstruiert. Die Schriftstellerin Juli Zeh beschreibt den Konstruktionsprozess einer solchen Welt metaphorisch als Kochrezept:

(2) Man nehme: Menschen, Ereignisse, Ideen, Gedanken, welche die Autorin stark beeindruckt haben. Man erschaffe eine künstliche Welt, die der echten einigermaßen ähnlich sieht, erhitze sämtliche Zutaten auf höchster Stufe der Einbildungskraft, streiche das Ganze durch ein Sieb und kleide es in Sprache. Je nach Geschmack mit etwas Humor, Melancholie oder Defätismus garnieren und frisch servieren. (Juli Zeh, Zur Hölle mit der Authentizität!, *DIE ZEIT* 39, 21.09.2006, 59)

Um starke und anschauliche Eindrücke zu vermitteln, die denen ähnlich sind, die Juli Zeh zufolge der Ausgangspunkt für die schriftstellerische Arbeit sind, steht in Romanen und Erzählungen nur das Mittel der sprachlichen Darstellung zur Verfügung. Eines dieser Mittel ist metaphorischer Sprachgebrauch. Dabei können die unterschiedlichen metaphorischen Formen zur Erzeugung unterschiedlicher spezifischer Wirkungen verwendet werden, wie wir es in Kap. 7 schon anhand von Gebrauchstexten gesehen hatten. Einzelne Metaphern können an bestimmten Stellen als Pointen eingesetzt werden. Metaphernkomplexe können für die Wirkung größerer Textabschnitte bestimmend sein. Wir können hier die Vielfalt der Möglichkeiten nur durch einige wenige Beispiele andeuten.

Eine pointierte Wirkung wird z. B. erzielt, wenn der Ich-Erzähler in Henning Boëtius' *Blendwerk* (1994) eine Bahnhofsdurchsage in Thüringen negativ als *unverständliches, aggressives Stöhnen aus dem Souffleurkasten der Geschichte* (16 f.) charakterisiert oder wenn derselbe Romanheld in *Das Rubinhalsband* (1998) als grotesk-komische Charakterisierung mitteilt, seine Mutter habe das Altersheim, in das sie freiwillig umgezogen ist, *inzwischen in eine Art Endzeit-Disco verwandelt* (45), in einen *Ballsaal [...] für frisch knospende Mauerblümchen des Jenseits* (48).

Dem expressiven Ausdruck von Emotionen dienen z. B. die in (3) verwendeten Metaphern (s. Schwarz-Friesel [2]2013):

(3)   Wenn ich seinen Namen flüstere, spüre ich Scherben im Mund. Wenn ich sein Bild vor mich befehle, legt sich Eis auf meine Gedanken. Wenn ich mir vorstelle ihn zu streicheln, öffnen Skalpelle mir Finger und Hände. (Andreas Steinhöfel, *Die Mitte der Welt*, 376)

Eine negative, emotional gefärbte Bewertung kommt z. B. durch die metaphorische Beschreibung eines Klaviers als Mischlingshund im folgenden Ausschnitt aus Robert Musils *Der Mann ohne Eigenschaften* (1930) zum Ausdruck:

(4)   Ulrich hatte dieses stets offene Klavier mit den gefletschten Zähnen nie leiden mögen, diesen breitmäuligen, kurzbeinigen, aus Teckel und Bulldogg gekreuzten Götzen [...]. (Robert Musil, *Der Mann ohne Eigenschaften*, 48)

Dem Ausdruck von Erkenntnis dienen die Personifikation von *Dummheit* und *Wahrheit* in Verbindung mit der fortgesetzten *Kleid*-Metapher in (5):

(5)   Es gibt schlechterdings keinen bedeutenden Gedanken, den die Dummheit nicht anzuwenden verstünde, sie ist allseits beweglich und kann alle

Kleider der Wahrheit anziehen. Die Wahrheit dagegen hat jeweils nur ein Kleid und einen Weg und ist immer im Nachteil. (Robert Musil, *Der Mann ohne Eigenschaften*, 59)

Aufgabe 3: Zeigen Sie, welche Metaphern in den folgenden Passagen aus Juli Zehs Roman *Spieltrieb* (12, 13, 41 f.) verwendet werden! Welche Funktion(en) erfüllen sie?: (1) „Seit Ada im Alter von zwölf Jahren auf den Gedanken verfallen war, dass Sinnsuche nichts als ein Abfallprodukt der menschlichen Denkfähigkeit sei, galt sie als hochbegabt und schwer erziehbar." (2) „Ada hatte sich wirklich auf Ernst Bloch gefreut. Die Schule […] gewährte auch jenen verlorenen Geschöpfen, die sich hartnäckig gegen die Teilnahme an der Kaffeefahrt namens ›glückliche Kindheit‹ zur Wehr setzten, eine letzte Chance auf Hochschulreife." (3) „Ernst Bloch setzte sie unter pädagogischen Wechselstrom, verband Großzügigkeit mit Despotismus, Zuckerbrot mit Peitsche, und die Mehrheit von ihnen schaffte es letztlich, […] das Abitur zu erwerben."

Dass Metaphern eine textuelle Funktion in Romanen und Erzählungen erfüllen können, zeigt sich z. B. in Kathrin Schmidts *Seebachs schwarze Katzen* (2005). Die *Zeit* wird in diesem Roman personifiziert und als Figur behandelt. Mit ihr beginnt und endet der Text:

(6)   Wie diese Geschichte anfing, ist schwer zu sagen. Die Alte, die Fettvettel Zeit, hockte über dem Beginnen wie eine Bruthenne. Ließ sie nicht los. (Kathrin Schmidt, *Seebachs schwarze Katzen*, 6)

(7)   Nichts eilt, wußte die Zeit, die sie alle wiederhatte. (Kathrin Schmidt, *Seebachs schwarze Katzen*, 285)

Ein Metaphernkomplex, der einem längeren Textabschnitt Kohärenz verleiht, findet sich in (8). Elfriede Jelinek beschreibt den Versuch, eine Karriere als Pianistin zu verfolgen, als Bergbesteigung. Die konventionelle Konzeptualisierung von Erfolg als physisch erhöhte Position, die sich z. B. in Lexemen wie *Gipfel* und *Weltspitze* zeigt, wird hier auf kreative Weise konkretisiert und weiter ausgestaltet:

(8)   Eine weltbekannte Pianistin, das wäre Mutters Ideal […]. An keiner Stufe, die Erika erreicht, ist es ihr gestattet auszuruhen, sie darf sich nicht schnaufend auf ihren Eispickel stützen, denn es geht sofort weiter. Zur nächsten Stufe. […] Konkurrenten wünschen Erika zu einer Klippe zu locken unter dem Vorwand, ihr die Aussicht erklären zu wollen. Doch wie leicht stürzt man ab! Die Mutter schildert den Abgrund anschaulich, damit das Kind sich davor hütet. Am Gipfel herrscht Weltberühmtheit, welche von den meisten nie erreicht wird. Dort weht ein kalter Wind, der Künstler ist einsam und sagt es auch. Solange die Mutter noch lebt und Erikas Zukunft webt, kommt für das Kind nur eins in Frage: die absolute Weltspitze. […] Erika steht zehenspitzig auf den Schultern der Mutter, krallt sich mit ihren geübten Fingern oben an der Spitze fest, welche sich

leider bald als bloßer Vorsprung im Fels entpuppt, eine Spitze vortäu-
schend, spannt die Oberarmmuskulatur an und zieht und zieht sich hin-
auf. Jetzt guckt schon die Nase über den Rand, nur um einen neuen Fel-
sen erblicken zu müssen, schroffer noch als der erste. (E. Jelinek, *Die
Klavierspielerin*, 28)

Aufgabe 4: Erläutern Sie den Metaphernkomplex in (8): Welche lexikalisierten
Metaphern werden verwendet? Welche kreativen Erweiterungen kommen hin-
zu? Lassen sich spezifische Zuordnungen zwischen den Bereichen Karriereer-
such und Bergbesteigung in allen genannten Elementen herstellen?

8.4 Metaphern in der Lyrik

> *Ein Gedicht aktiviert sich durch seine Metapher. In ge-
> wissem Sinne interessiert mich am Gedicht die Metapher
> am meisten.* (Karl Krolow)

Die Auseinandersetzungen um Metaphorik in der Literatur der Moderne haben nicht dazu geführt, dass Metaphern aus der Lyrik verschwunden wären. Ganz im Gegenteil hat die „Metaphernkrise" zur
Folge gehabt, dass Metaphern in all ihren Spielarten nun noch freier
und bewusster in der Lyrik verwendet werden (s. Poch 1989). Wir
wollen die Spannbreite der Möglichkeiten zunächst an zwei sehr
gegensätzlichen Beispielen verdeutlichen und danach auf die besondere Form der absoluten Metaphern eingehen.

Sogar lexikalisierte Metaphern können in Gedichten fruchtbar
gemacht werden, indem sie remetaphorisiert werden, wie z. B. in
(9), wo Robert Gernhardt durch das Spiel mit der wieder bewusst
gemachten metaphorischen Motivierung Komik erzeugt:

(9) STERNSTUNDE DER SPRACHKRITIK

– Ihr schreibt vom »unerhörten Blau«.
Blau kann man doch nicht hören!
– Welch uneinsichtige Kritik!
– Verzeiht! Ich will nicht stören,
doch »uneinsichtige Kritik« –
das kann sich sehen lassen!
Weil man Kritik nicht sehen kann.
– Ja, ist das denn zu fassen?
– Nein, weil Kritik unfassbar ist.
Geist lässt sich nicht erjagen.
– Welch unbegreiflicher Sermon!
– Jawohl! *So* kann man's sagen!
(Robert Gernhardt, *Später Spagat*, 97)

Was dagegen zeitgenössische Lyrik sein kann, in der innovative Metaphern bevorzugt werden, zeigt z. B. Durs Grünbein. In dem Gedicht *Erklärte Nacht* entwirft er sein Verständnis von Lyrik, das er mithilfe einer Reihe von innovativen Metaphern beschreibt. Dabei charakterisiert er auch die Metaphern selbst metaphorisch:

(10) Der Vers ist ein Taucher, er zieht in die Tiefe, sucht nach den Schätzen
Am Meeresgrund, draußen im Hirn. Er konspiriert mit den Sternen.
Metaphern sind diese flachen Steine, die man aufs offne Meer
Schleudert vom Ufer aus. Die trippelnd die Wasserfläche berühren,
Drei, vier, fünf, sechs Mal im Glücksfall, bevor sie bleischwer
Den Spiegel durchbrechen als Lot. Risse, die durch die Zeiten führen.
Philosophie in Metren, Musik der Freudensprünge von Wort zu Ding.
Geschenkt sagt der eine, der andre: vom Scharfsinn gemacht.
Was bleibt, sind Gedichte. Lieder, wie sie die Sterblichkeit singt.
Ein Reiseführer, der beste, beim Exodus aus der menschlichen Nacht.
(Durs Grünbein, *Erklärte Nacht*, 145)

Aufgabe 5: Wie werden *Verse*, *Metaphern* und *Gedichte* in (10) metaphorisch charakterisiert? Welche Bereiche werden zur Charakterisierung herangezogen? Ergeben die unterschiedlichen Charakterisierungen eine kohärente Lesart?

Die Skepsis einiger moderner Autoren in Bezug auf die Möglichkeit, Wirklichkeit durch Metaphern zu erfassen, zeigt sich in besonders im Spätwerk von Paul Celan:

(11) EIN DRÖHNEN: es ist
die Wahrheit selbst
unter die Menschen
getreten,
mitten ins
Metapherngestöber.
(Paul Celan, *Die Gedichte*, 206)

In (11) zeigt sich diese Skepsis durch die antithetische Gegenüberstellung von (personifizierter) *Wahrheit* und *Metapherngestöber*.

In vielen Gedichten Celans ist das Verhältnis der Gedichtwelt, des Textweltmodells zur von uns als wirklich angenommenen Welt nur sehr schwer oder gar nicht mehr bestimmbar. Die Textwelt steht für sich allein, es handelt sich um **hermetische Lyrik**. In den Gedichten werden viele innovative Konzeptkombinationen benannt. Man würde sie als innovative Metaphern verstehen, wenn noch entscheidbar wäre, welches Konzept zur näheren Charakterisierung welches anderen Konzeptes herangezogen wird. Da dies nicht der Fall ist, spricht man auch von **absoluten Metaphern**. Den Begriff hat Hugo Friedrich in seiner einflussreichen Studie *Die Struktur der* *modernen Lyrik* (1956) geprägt. Der Begriff wird seither unterschiedlich verwendet und kritisch diskutiert (s. Poppenhusen 2001: 165–193). Absolute Metaphern stellen sicherlich einen Grenzfall metaphorischen Sprachgebrauchs dar:

(12) MIT ERDWÄRTS GESUNGENEN MASTEN
fahren die Himmelswracks.

In dieses Holzlied
beißt du dich fest mit den Zähnen.

Du bist der liedfeste
Wimpel.
(Paul Celan, *Die Gedichte*, 177)

In (12) bezeichnen z. B. die Komposita *Himmelswracks* und *Holzlied* als absolute Metaphern innovative Konzeptkombinationen. Es ist aber nicht möglich, ein Textweltmodell aufzubauen, in dem klar zwischen Konzepten, die charakterisiert werden sollen und Konzepten, die für diese Charakterisierung benutzt werden, unterschieden werden könnte. Das Verstehen von Texten wie (12) ist keine Frage der Kohärenzetablierung, sondern eine der Interpretation des Textsinns. Die Abgeschlossenheit der Textwelt, die eine metaphorische Lesart auf Kohärenzebene verhindert, ist intendiert. Celan hat in seiner Büchner-Preis-Rede *Der Meridian* die „Bilder", also vor allem Metaphern, nämlich so bestimmt:

Und was wären [...] die Bilder? Das einmal, das immer wieder einmal und nur jetzt und nur hier Wahrgenommene und Wahrzunehmende. Und das Gedicht wäre somit der Ort, wo alle Tropen und Metaphern ad absurdum geführt werden wollen. (zit. nach Poch 1989: 9)

Die absoluten Metaphern Celans können deshalb als bewusste Dekonstruktion von Metaphorik gedeutet werden.

Weiterführende Literatur: Dem Verhältnis von Metapher, Allegorie und Symbol ist der Band von Kurz ([5]2004) gewidmet; auch Ricklefs (2002) behandelt die Begriffe ausführlich. Die Metapherndiskussion in der Literatur der Moderne fasst Willems (1988) zusammen. Müller-Richter und Lacarti (1998) bieten eine Sammlung der Stellungnahmen von Autoren zur Metapher sowie kommentierende Studien. Grundlegende Aspekte literarischer Metaphorik erörtert Weinrich in verschiedenen Aufsätzen (in Weinrich 1976). Poch (1989) untersucht Metaphern in der Lyrik anhand vieler Beispiele aus der zweiten Hälfte des 20. Jahrhunderts, wobei sie literaturwissenschaftliche und linguistische Aspekte verknüpft. Die Problematik absoluter Metaphern diskutiert Poppenhusen (2001). Lakoff und Turner (1989) wenden auf Metaphorik aus berühmten Texten der angelsächsischen Literatur die Theorie der konzeptuellen Metapher an. Die Emotionsdarstellung durch Metaphern in der Holocaustliteratur zeigen Schwarz-Friesel (2011, [2]2013: Kap. 10) und Skirl (2011) auf.

Literatur

📕 Eine ausführliche Bibliographie findet sich auf www.kegli-online.de

Duden 1 – Duden. Die deutsche Rechtschreibung, 25. völlig neu bearbeitete und erweiterte Auflage. Mannheim: Dudenverlag 2009.

Duden 11 – Duden. Redewendungen. Wörterbuch der deutschen Idiomatik. 3., überarbeitete und aktualisierte Auflage. Mannheim: Dudenverlag 2008.

DUW – Duden. Deutsches Universalwörterbuch. 7., überbearbeitete und erweiterte Auflage. Mannheim: Dudenverlag 2011.

Abraham, Werner (1975): Zur Linguistik der Metapher. In: Poetics 4, 133–172.

Baldauf, Christa (1997): Metapher und Kognition. Grundlagen einer neuen Theorie der Alltagsmetapher. Frankfurt a. M. u. a.: Lang.

Bartsch, Renate (2002): Kompositionalität und ihre Grenzen. In: Cruse u. a. (Hrsg.) (2002), 570–577.

Beckmann, Susanne (2001): Die Grammatik der Metapher. Eine gebrauchstheoretische Untersuchung des metaphorischen Sprechens. Tübingen: Niemeyer.

Bierwisch, Manfred (1979): Wörtliche Bedeutung – eine pragmatische Gretchenfrage. In: Grewendorf, Günther (Hrsg.): Sprechakttheorie und Semantik. Frankfurt a. M.: Suhrkamp, 119–148.

Black, Max (1954): Metaphor. In: Margolis, J. (ed.) (^{3}1987): Philosophy Looks at the Arts. Philadelphia: Temple Univ. Pr., 535–552. (dt. in Haverkamp (Hrsg.) (^{2}1996), 55–79)

Black, Max (1977): More about Metaphor. In: Ortony (ed.) (^{2}1993), 19–41. (dt. in Haverkamp (Hrsg.) (^{2}1996), 379–413)

Burger, Harald (^{3}2005): Mediensprache. Eine Einführung in Sprache und Kommunikationsformen der Massenmedien. Berlin, New York: de Gruyter.

Burger, Harald (^{4}2010): Phraseologie. Eine Einführung am Beispiel des Deutschen. Berlin: Schmidt.

Burkhardt, Armin (2003): Vom Schlagwort über die Tropen zum Sprechakt. In: Der Deutschunterricht 55, H. 2, 10–23.

Cacciari, Cristina/Glucksberg, Sam (^{2}1998): Understanding Figurative Language. In: Gernsbacher, Morton Ann (ed.): Handbook of Psycholinguistics. San Diego u. a.: Academic Pr., 447–477.

Charteris-Black, Jonathan (2004): Corpus Approaches to Critical Metaphor Analysis. Basingstoke: Palgrave Macmillan.

Coenen, Hans Georg (2002): Analogie und Metapher. Grundlegung einer Theorie der bildlichen Rede. Berlin, New York: de Gruyter.

Croft, William/Cruse, D. Allan (2004): Cognitive Linguistics. Cambridge: Cambridge Univ. Pr.

Cruse, D. Allan u. a. (Hrsg.) (2002). Lexikologie/Lexicology. Ein internationales Handbuch zu Natur und Struktur von Wörtern und Wortschätzen. Berlin, New York: de Gruyter.

Dirven, René/Pörings, Ralf (eds.) (2002): Metaphor and metonymy in comparison and contrast. Berlin, New York: de Gruyter.

Dobrovol'skij, Dimitrij (1997): Idiome im mentalen Lexikon. Ziele und Methoden der kognitivbasierten Phraseologieforschung. Trier: WVT.

Dornseiff, Franz (1955): Bezeichnungswandel unseres Wortschatzes. Ein Blick in das Seelenleben der Sprechenden. Lahr in Baden: Schauenburg.

Egg, Markus (2004): Metonymie als Phänomen der Semantik-Pragmatik-Schnittstelle. In: metaphorik.de 6, 36–53.

Eggs, Ekkehard (2001a): Metapher. In: Ueding, Gert (Hrsg.) (1992 ff.), Historisches Wörterbuch der Rhetorik. Tübingen: Niemeyer, Bd. 5, 1099–1183.

Eggs, Ekkehard (2001b): Metonymie. Ueding, Gert (Hrsg.) (1992 ff.), Historisches Wörterbuch der Rhetorik. Tübingen: Niemeyer, Bd. 5, 1196–1223.

Fleischer, Wolfgang ([2]1997): Phraseologie der deutschen Gegenwartssprache. Tübingen: Niemeyer.

Gibbs, Raymond W./Colston, Herbert L. (2012): Interpreting Figurative Meaning. Cambridge: Cambridge Univ. Pr.

Girnth, Heiko (2002): Sprache und Sprachverwendung in der Politik. Eine Einführung in die linguistische Analyse öffentlich-politischer Kommunikation. Tübingen: Niemeyer.

Glucksberg, Sam (2001): Understanding Figurative Language. From Metaphors to Idioms. Oxford, New York: Oxford Univ. Pr.

Goatly, Andrew ([2]2011): The Language of Metaphors. London: Routledge.

Grady, Joseph E./Oakley, Todd/Coulson, Seana (1999): Blending and metaphor. In: Gibbs, Raymond W./Steen, Gerard J. (eds.): Metaphor in Cognitive Linguistics. Amsterdam, Philadelphia: Benjamins, 101–124.

Grice, Paul (1989): Logic and Conversation. In: Grice, Paul (1989): Studies in the Way of Words. Cambridge, Mass.: Harvard Univ. Pr., 22–40.

Haverkamp, Anselm (Hrsg.) ([2]1996). Theorie der Metapher. Darmstadt: WBG.

Jäkel, Olaf (2003): Wie Metaphern Wissen schaffen. Die kognitive Metapherntheorie und ihre Anwendung in Modell-Analysen der Diskursbereiche Geistestätigkeit, Wirtschaft, Wissenschaft und Religion. Hamburg: Kovač.

Keller, Rudi (1995): Zeichentheorie. Zu einer Theorie semiotischen Wissens. Tübingen, Basel: Francke.

Keller, Rudi ([3]2003): Sprachwandel. Tübingen, Basel: Francke.

Kertész, András (2004): Die kognitive Metapherntheorie als metalinguistisches Unterfangen. In: Sprachtheorie und germanistische Linguistik 14.1, 39–60.

Kirchhoff, Susanne (2010): Krieg mit Metaphern. Mediendiskurse über 9/11 und den „War on Terror". Bielefeld: transcript.

Knowles, Murray/Moon, Rosamund (2006): Introducing Metaphor. London, New York: Routledge.

Kövecses, Zoltán ([2]2010): Metaphor. A Practical Introduction. Oxford: Univ. Pr.

Kurz, Gerhard ([5]2004): Metapher, Allegorie, Symbol. Göttingen: Vandenhoeck u. Ruprecht.

Lakoff, George (1993): The contemporary theory of metaphor. In: Ortony (ed.) ([2]1993), 204–251.

Lakoff, George/Johnson, Mark (1980): Metaphors we live by. Chicago: Univ. of Chicago Pr. (Nachdr. m. neuem Nachw. u. Bibliographie 2003) (dt.: Leben in Metaphern. Konstruktion und Gebrauch von Sprachbildern. 7. Aufl. Heidelberg: Auer 2011)

Lakoff, George/Johnson, Mark (1999): Philosophy in the Flesh. The Embodied Mind and Its Challenge to Western Thought. New York: Basic Books.

Lakoff, George/Turner, Mark (1989): More than Cool Reason. A Field Guide to Poetic Metaphor. Chicago: Univ. of Chicago Pr.

Lausberg, Heinrich (⁴2008): Handbuch der literarischen Rhetorik. Eine Grundlegung der Literaturwissenschaft. Stuttgart: Steiner.

Liebert, Wolf-Andreas (1992): Metaphernbereiche der deutschen Alltagssprache. Kognitive Linguistik und Perspektiven einer Kognitiven Lexikographie. Frankfurt a. M. u. a.: Lang.

Liebert, Wolf-Andreas (2002): Bildfelder in synchroner Perspektive. In: Cruse u. a. (Hrsg.) (2002), 771–783.

Müller-Richter, Klaus/Larcati, Arturo (Hrsg.) (1998): Der Streit um die Metapher. Poetologische Texte von Nietzsche bis Handke. Mit kommentierenden Studien. Darmstadt: WBG.

Musolff, Andreas (2004). Metaphor and Political Discourse. Analogical Reasoning in Debates about Europe. Basingstoke: Palgrave-Macmillan.

Ortony, Andrew (ed.) (²1993): Metaphor and Thought. Cambridge: Univ. Pr.

Palm, Christine (²1997): Phraseologie – eine Einführung. Tübingen: Narr.

Paul, Hermann (1880): Prinzipien der Sprachgeschichte. Halle: Niemeyer. (10., unveränderte Aufl. Tübingen: Niemeyer 1995)

Peil, Dietmar (2002): Bildfelder in historischer Perspektive. Cruse u. a. (Hrsg.) (2002), 764–771.

Pielenz, Michael (1993): Argumentation und Metapher. Tübingen: Narr.

Plett, Heinrich F. (⁹2001): Einführung in die rhetorische Textanalyse. Hamburg: Buske.

Poch, Ulrike (1989): Metaphernvertrauen und Metaphernskepsis. Untersuchungen metaphorischer Strukturen in neuerer Lyrik. Frankfurt a. M.: Lang.

Poppenhusen, Astrid (2001): Durchkreuzung der Tropen. Heidelberg: Winter.

Radtke, Burkhard (2001): Metapher und Wahrheit. Berlin: Logos.

Reger, Harald, (1974): Die Metaphorik in der Boulevardpresse. In: Muttersprache 1974, 314–325.

Reger, Harald (1977): Die Metaphorik in der konventionellen Tagespresse. In: Muttersprache 1977, 259–279.

Richards, Ivor Armstrong (1936): The Philosophy of Rhetoric. New York: Oxford Univ. Pr. (dt. in Auszügen in Haverkamp (Hrsg.) (²1996), 31–52)

Ricklefs, Ulfert (2002): Bildlichkeit. In: Ricklefs, Ulfert (Hrsg.): Fischer Lexikon Literatur. Frankfurt/M.: Fischer, Bd. 1, 260–320.

Rolf, Eckard (2005): Metaphertheorien. Typologie, Darstellung, Bibliographie. Berlin, New York: de Gruyter.

Schmitz, Ulrich (2004): Sprache in modernen Medien. Einführung in Tatsachen und Theorien, Themen und Thesen. Berlin: Schmidt.

Schwarz, Monika (1992): Kognitive Semantiktheorie und neuropsychologische Realität. Repräsentationale und prozedurale Aspekte der semantischen Kompetenz. Tübingen: Niemeyer.

Schwarz, Monika (2000): Indirekte Anaphern in Texten. Studien zur domänengebundenen Referenz und Kohärenz im Deutschen. Tübingen: Niemeyer.

Schwarz, Monika (2002): Einebenen-Ansatz vs. Mehrebenen-Ansatz. In: Cruse u. a. (Hrsg.) (2002), 277–284.

Schwarz, Monika (2003): „Damit Sie auch heute noch kraftvoll zuhören können." Zur kommunikativen und kognitiven Funktion intertextueller Markierungen in der aktuellen Werbung. In: Sprachtheorie und germanistische Linguistik 13.1, 3–24.

Schwarz, Monika (³2008): Einführung in die Kognitive Linguistik. Dritte, vollständig überarbeitete und erweiterte Auflage. Tübingen, Basel: A. Francke.

Schwarz, Monika/Chur, Jeanette (⁵2007): Semantik. Ein Arbeitsbuch. Tübingen: Narr.

Schwarz-Friesel, Monika (2004): Kognitive Linguistik heute. Metaphernverstehen als Fallbeispiel. In: Deutsch als Fremdsprache 41.2, 83–89.

Schwarz-Friesel, Monika (2006): Kohärenz versus Textsinn. Didaktische Facetten einer linguistischen Theorie der Kontinuität. In: Ziegler, Arne/ Scherner, Maximilian (Hrsg.), Angewandte Textlinguistik. Perspektiven für den Deutsch- und Fremdsprachenunterricht. Tübingen: Narr, 63–75.

Schwarz-Friesel, Monika (2007): Text- und Gesprächsanalyse. In: Steinbach, Markus u. a.: Schnittstellen der germanistischen Linguistik. Stuttgart u. a.: Metzler, 219–256.

Schwarz-Friesel, Monika (2011): Dem Grauen einen Namen geben? Zur Verbalisierung von Emotionen in der Holocaust-Literatur – Prolegomena zu einer Kognitiven Linguistik der Opfersprache. In: Germanistische Studien. Jubiläumsausgabe Nr. 10 „Sprache und Emotionen", 128–139.

Schwarz-Friesel, Monika (²2013): Sprache und Emotion. Tübingen, Basel: A. Francke.

Schwarz-Friesel, Monika/Kromminga, Jan-Henning (2013): 9/11 als globale Katastrophe: Die sprachlich-kognitive Verarbeitung des 11. September 2001 in der Berichterstattung deutscher Medien. Eine Analyse im Rahmen der kritischen Kognitionslinguistik. In: Sprachtheorie und germanistische Linguistik 23.1, 1–22.

Schwarz-Friesel, Monika/Skirl, Helge (2011): Metaphors for terrorism in German media discourse. E-Publication, Purdue University Libraries: http:// docs.lib.purdue.edu/cgi/viewcontent.cgi?article=1038&context=revisioning

Settekorn, Wolfgang (2001): Tor des Monats – Tor zur Welt. Zum Metapherngebrauch in Massenmedien. In: Möhn, Dieter u. a. (Hrsg.): Mediensprache und Medienlinguistik. Frankfurt a. M. u. a.: Lang, 93–109.

Skirl, Helge (2007): Metaphorical Anaphors. A Phenomenon of the Semantics-Pragmatics Interface. In: Schwarz-Friesel, Monika et al. (eds.): Anaphors in Texts. Amsterdam, Philadelphia: Benjamins, 103–120.

Skirl, Helge (2009): Emergenz als Phänomen der Semantik am Beispiel des Metaphernverstehens. Emergente konzeptuelle Merkmale an der Schnittstelle von Semantik und Pragmatik. Tübingen: Narr.

Skirl, Helge (2010): Kompositummetaphern – semantische Innovation und textpragmatische Funktion. In: metaphorik.de 19, 23–45.

Skirl, Helge (2011): Zur Verbalisierung extremer Angst und Trauer: Metaphern in der Holocaustliteratur. In: Ebert, Lisanne et al. (Hrsg.): Emotionale Grenzgänge. Konzeptualisierungen von Liebe, Trauer und Angst in Sprache und Literatur. Würzburg: Königshausen u. Neumann, 183–200.

Strauß, Gerhard (1991): Metaphern – Vorüberlegungen zu ihrer lexikographischen Darstellung. In: Harras, Gisela u. a. (Hrsg.): Wortbedeutungen und ihre Darstellung im Wörterbuch. Berlin, New York: de Gruyter, 124–211.

Weinrich, Harald (1976): Sprache in Texten. Stuttgart: Klett.

Willems, Gottfried (1988): Die Metapher – „Kern und Wesen aller Poesie" oder „Schminke und Parfüm"? Zur Problematisierung der bildlichen Rede in der modernen Literatur. In: Deutsche Vierteljahresschrift 62, 549–569.

Sachregister

Adjektivmetapher 20, **25 f.**, 52, 66
Ähnlichkeit 3, 4 f., 9, 12, 35 f., 56–58
Allegorie **88–90**
Analogie 4 f., 39 f., **59 f.**, 66
Anapher **68 f.**
Ausdrucksbedeutung 43, **49**
Äußerungsbedeutung **49–51**
Bedeutung, lexikalische **2 f.**
Bedeutung, metaphorische 3, 9, **56–60**
Bildfeld **38**, 48
Domäne, kognitive **58**, 59, 70
Emotionalisierung **63 f.**, 78, 80 f.,
   82 f., 91
Euphemismus **18 f.**, 45
Evaluation 51, **63 f.**, 77, 78, 79, 84, 91
Explikation u. Perspektivierung **61 f.**
Figur, rhetorische 17, 19
Fiktionalität **86**, 90
Hyperbel **18**, 80 f., 82 f
Idiom **42–48**, 78, 81, 84 f.
Illokution **50**, 51, 61 f.
Implikatur **62**, 79
Individuen-/Token-Konzept 7, 70
Inferenz **70**
Interaktionstheorie **58 f.**
Intertextualität 33
Ironie **17**, 25
Katachrese **34**, 47
Kategorie 2, 6, **7**, 12
Klassen-/Type-Konzept 7
Klischee 78 f.
Kohärenz **66–69**, 71, 90, 92 f.
kommunikativer Sinn **50**, 51, 52
Kompositionalität **43**, **49**, 52
Kontext 3, 8, 29, **49–54**, 56, 57
Konzept **7 f.**, 9, 34, 51, 58
   abstraktes 7, 8, 26, 36–38, 60, 61
   metaphorisches **10**
Konzeptualisierung **7 f.**, 10, 30, 31,
   33, 38, 39, 64, 66, 72, 75, 77, 92
Kotextualisierung **70 f.**
Kreativität 1, 39 f.
   s. Metapher, innovative u. kreati-
   ve; s. Remetaphorisierung
lexikalische Lücke **34**, 41
Lexikalisierung 28, 33, **34 f.**

Merkmal 2 f., 9, 12, 50 f., 57–60, 70
   emergentes **58**, 70
   konzeptuelles **57 f.**
   semantisches 2 f., **57**
Metapher
   absolute **94 f.**
   fortgesetzte s. Metaphernkomplex
   innovative 28, **30–33**, 69 f., 72 f.,
   76, 77, 78, 87 f., **94**
   klischeehafte **29**
   konventionalisierte s. lexikalisierte
   konzeptuelle **10**, 38, 48, 60, 64
   kreative 28, **30–33**, 69, 72 f., 75,
   78, 92 f.
   lexikalisierte **28 f.**, 30, 33, **34–48**,
   72, 75, 78, 81 f., 85, 93
   Signalisierung **54 f.**
   tote **28**
Metaphernbegriff **4–6**, **10**
Metaphernkomplex **65 f.**, 67 f., 69,
   73, 88 f., 91, 92 f.
Metonymie **14–16**, 19, 45
Motivierbarkeit **44 f.**
Paraphrase **56 f.**
Personifikation **26 f.**, 74, 80, 91 f., **94**
Persuasion **62 f.**
Phraseologismus **42–48**, 51
Polysemie **35 f.**
Pragmatik **51 f.**, 62
Referenz 7, 9, 20, **49 f.**, 65, 68 f.
Remetaphorisierung **29**, 46 f., 93
Repräsentation, mentale **7 f.**, 65
Satzbedeutung **49**, 50
Schema, kognitives **58**
Selektionsbeschränkungen **52–54**, 55
Semantik **51 f.**, 53
Somatismus **46**
Sprechakt, indirekter **61 f.**
Substantivmetapher 20, **21–25**, 66
Substitutionstheorie **56 f.**
Symbol **89 f.**
Synästhesie **9**, 26
Synekdoche **15**
Terminus **39–41**
Textsinn 90, 95
Textweltmodell **65**, 66, 86, 94 f.
Tropus **17**
Verbmetapher 20, **26 f.**, 52, 66
Vergleich **11–14**, 20, 67